Revelações para um Novo Milênio

Profecias que Anunciam Alegria e Renovação

Andrew Ramer

Revelações para um Novo Milênio

Profecias que Anunciam
Alegria e Renovação

Tradução
NEWTON ROBERVAL EICHEMBERG

EDITORA PENSAMENTO
São Paulo

Título do original:
Revelations for a New Millennium

Publicado mediante acordo com Harper San Francisco,
uma divisão da HarperCollins Publishers, Inc.

Agradeço pela permissão de reproduzir os diagramas de crânio (página 102), extraídos de *Clinical Anatomy Made Ridiculously Simple*, de Stephen Goldberg, Medmaster, 1991.

Os diagramas de esqueletos (página 94) foram extraídos de *Art Students' Anatomy*, de Edmond J. Farris, Dover Publications, Inc. Reproduzidos com permissão.

Edição	Ano
1-2-3-4-5-6-7-8-9	99-00-01-02-03

Direitos de tradução para o Brasil
adquiridos com exclusividade pela
EDITORA PENSAMENTO LTDA.
Rua Dr. Mário Vicente, 374 – 04270-000 – São Paulo, SP
Fone: 272-1399 – Fax: 272-4770
E-mail: pensamento@snet.com.br
http://www.pensamento-cultrix.com.br
que se reserva a propriedade literária desta tradução.

Impresso em nossas oficinas gráficas.

Para minha mãe, Gerry. *Contemplando o açafrão sobre a neve através de uma janela coberta de geada.*

Para meu pai, Jack. *Nas pontas dos pés, olhando você pintar.*

Para Erick Faigin, *que me levou até o caminho, mas não ficou para trilhá-lo comigo.*

E para Isaac Kikawada. *Você me ensinou a ouvir as vozes exteriores que permitiram que eu me voltasse para dentro.*

Com infinita gratidão.

Sumário

Agradecimentos 9
Introdução 11

PARTE UM
AS PRODIGIOSAS RAÍZES DA NOSSA HISTÓRIA

1: Quem é o ser humano? 19
2: A evolução da vida humana no planeta Terra 27
3: As origens da civilização no planeta Terra 43
4: A primeira aliança 51
5: Uma assembléia de santos desconhecidos 58

PARTE DOIS
COMO FIXAR A SABEDORIA NO SEU CORPO E NA SUA VIDA

6: A leitura da sabedoria em seus ossos 91
7: O despertar do corpo sutil 119
8: Uma jornada de transformação 129
9: Passos iniciais da morte consciente 142

PARTE TRÊS
A VIDA NUM MUNDO DE ESPLENDORES COMUNS

10: Orientações para a vida cotidiana 153
11: A natureza do bem e do mal 178
12: O trabalho com os anjos superiores 190
13: Santa Joana da Terra 203
14: Palavras de Deus 207

Agradecimentos

Os livros são sempre obras de um grupo. Além de agradecer aos verdadeiros autores desta obra, de quem sou apenas um copista, eu gostaria de agradecer às seguintes pessoas:

Aos muitos ouvintes, conhecidos e desconhecidos, das escrituras do mundo, que constituem o fundamento profundo do meu próprio escutar.

Ao meu companheiro Randy Higgins, a Richard Ramer, Kate Shepherd, Lucy Dratler, e ao restante da minha família. A Joy Manesiotis, Chris Beach, Zoë Beach, Barbara Shor, Nelson Bloncourt, Don Shewey, Lynne Reinolds, John Stowe, Jeanne Spiegel, Steve Zipperstein e a Michael Friedman, por fixar-me com firmeza no mundo. E a Howard Morhaim, meu agente, pela objetividade, pela lucidez e pelo apoio constante.

A Houston Wood, Selma Weiner, ao rabino Fox, pela sua orientação. A Cheryl Woodruff, por me lançar no caminho certo. A Kevin Flodd e a Carol Robin, por me iniciar na ciência dos ossos. A Bonnie Gintis, por ajudar-me a entretecer som e ciência no Capítulo 6. A Linda Sherwood, Jane Roberts, Harriet Goldman, Donna Cunningham, Alma Daniel, Timothy Wyllie, por ouvirem também. A Virginia, Pamela, David, Israel e a todos os outros da Mail Boxes, etc.

A Harper San Francisco é como um segundo lar. Quero agradecer a todo o pessoal que trabalhou comigo neste livro, em especial ao meu diretor editorial, Kevin Bentley. Seu entusiasmo, apoio e clareza são o sonho de todo escritor. Com profunda gratidão e alegria. Obrigado a todos vocês!

Introdução

As histórias contadas por um povo são a estrutura que dá coesão aos seu mundo e significado à sua vida. A nossa história entrou há pouco numa nova era, que começou perto de Alamogordo, Novo México, em 16 de julho de 1945, quando explodiu a primeira bomba atômica. Agora que nos defrontamos com um novo milênio, é época de contar histórias novas, histórias que reflitam o nosso poder de destruição e a nossa capacidade de alcançar as estrelas; histórias que reflitam a nova cultura global, que incorporem os nossos sonhos mais profundos.

Sou um contador de histórias. Minhas histórias surgem das profundezas da minha alma e, como o trabalho de qualquer artista, pertencem a todos. Não são nem mesmo só minhas, pois todas elas são histórias que me foram contadas e que eu apenas transmito a vocês.

Eu ouço vozes desde a infância; vozes de Deus, dos anjos. Acho que todas as crianças ouvem. Quando eu era bem pequeno, todos achavam isso muito bonitinho, mas quando cresci um pouco descobri que os adultos não ouviam vozes nem queriam me ouvir falar das que eu ouvia. Por isso, parei de falar sobre elas mas nem por isso elas me abandonaram. Durante anos, pensei que eu era a única pessoa que ouvia vozes. Então conheci a história de Joana d'Arc e fiquei ao mesmo tempo aliviado e aterrorizado; aliviado, por que ela também ouvia vozes, e aterrorizado pelo destino que ela teve. Mas descobri que, se eu cantasse bem alto, eu podia bloquear as vozes. Essa magia funcionava de dia, mas à noite eu ficava impotente, pois as vozes continuavam a falar comigo durante o sono. Muitas vezes achei que eu estava ficando louco, mas nunca disse nada a ninguém e fui aprimorando cada vez mais a técnica do não-ouvir – às vozes ou, com o passar do tempo, a mim mesmo.

Por mais que eu me esforçasse, as vozes nunca me abandonavam. Foi só quando entrei na faculdade que comecei a pensar que talvez elas não quisessem o meu mal, mas o meu bem. Em 1969, ou 1970, resolvi ouvi-las durante seis meses, a título de experiência. Chamei isso de "confiar na minha intuição". Nada de horrível aconteceu. Pelo contrário, minha vida parecia mais equilibrada. As vozes comunicavam mensagens simples: faça isso, vá em tal lugar, coma aquilo. Nada de estranho ou de assustador. Então, em 1971, quando eu estava morando em Jerusalém, Deus começou a falar comigo novamente. Eu oscilava entre a reverência, a alegria e o medo. Finalmente, o único amigo com quem eu me abrira levou-me para conversar com um rabino. Este me disse que eu ficaria louco se não parasse de dar ouvidos às vozes; que eu precisava estar bem situado no mundo antes de fazer qualquer outra coisa.

Depois desse encontro, pela primeira vez na minha vida, as vozes pararam. Acabei a faculdade, formando-me em estudos religiosos pela Universidade da Califórnia, em Berkeley, mudei para Nova York e consegui um emprego numa livraria. Foi só em 1976, quando minha vida estava assentada e bem-estabelecida, que as vozes se manifestaram de novo, a princípio apenas como um leve sussurrar. No começo eram vozes comuns, como amigos ao telefone. Foi só depois que eu me acostumei com essas vozes que elas começaram a me falar sobre cura, sobre a história do mundo, sobre a transformação do planeta.

Naqueles dias, nós chamávamos as vozes de guias, guias espirituais. Hoje, parece-me evidente que elas não são guias, mas santos. Elas vieram em ondas, onda após onda, primeiramente santos e anjos e depois Deus novamente, como Mãe e como Pai. As vozes foram para mim uma cura, uma dádiva e uma bênção. Ao longo dos anos, preenchi incontáveis diários, cadernos de anotações e disquetes de computador com as palavras que elas me ditaram.

Muita gente ouve vozes. Eu sei disso pelas pessoas que encontro nos seminários que conduzo, pelas cartas que eu e meus co-autores (de *Angel Answers* e *Ask Your Angels**, dos quais fui autor e co-autor) temos recebido de pessoas que nos agradecem por ter dito que não são elas as únicas que falam com os anjos ou com Deus. Mas se você não ouve vozes, como posso lhe dizer com o que isso se parece? Na realidade, não é algo muito diferente de atender ao telefone quando ele toca. Uma voz aparece e preenche o meu cérebro. Num instante, eu fico sabendo se é uma voz conhecida ou se é nova. A única diferença é que não há dispositivo externo de escuta. Todo o som está dentro da minha cabeça, alto e claro como uma boa ligação telefônica. Cada voz tem o seu próprio tom, a sua própria vibração. Eu sempre sei se é com um santo ou com um anjo que estou falando. As vozes deles vibram de maneira diferente. E nas raras ocasiões em que Deus me fala, não há dúvida sobre quem é o meu interlocutor, pois a voz não fica só brilhando na parte de trás do meu cérebro, mas preenche todo o meu corpo, ressoante e dourada. E, com exceção da primeira vez que um ser me fala, o que quase sempre acontece de imprevisto, eu sempre sei quando o telefone está tocando e sempre tenho o direito de deixá-lo tocar ou de tirá-lo do gancho e dizer: "Alô, estou ocupado agora. Você poderia ligar mais tarde?" E eles sempre ligam.

Ao longo dos anos, perguntei várias vezes aos meus mestres invisíveis onde eles estão e como as vozes deles entram na minha cabeça. Eles sempre me dão a mesma resposta — que eles vivem num plano da realidade que coexiste com o nosso: e que eu ouço a "transmissão das vozes deles na minha cabeça mais ou menos da mesma maneira que ouço um rádio quando o ligo; as vozes do rádio são emitidas de uma torre distante, mas enchem o ar com ondas invisíveis num raio de quilômetros e quilômetros, em todas as direções.

Eu estava terminando um romance quando os anjos sugeriram que eu vasculhasse mais de doze anos de anotações, diários e disquetes

---

* *Ouça a Resposta dos Anjos* e *Pergunte ao seu Anjo*, publicados pela Editora Pensamento, São Paulo.

de computador e reunisse as mensagens que não tinham entrado em *Ouça a Resposta dos Anjos*. Eu nunca tinha tido a idéia de fazer isso, e a tarefa me parecia sobre-humana. Mas como aconteceu em *Pergunte ao seu Anjo*, a meio-caminho do serviço de digitação das mensagens, compreendi que "eles" tinham planejado este livro desde o começo. Tudo caía no lugar exato sem esforço nenhum, e não foram necessárias mais do que uma ou duas revisões por parte dos anjos. O trabalho que eu faço por conta própria é bem lento. Fazem quase vinte anos que eu luto para terminar aquele romance. Já o trabalho deles é fácil. Em três semanas, compus anos e anos de mensagens para formar o livro que você está em vias de ler. E é desse nível de co-criação que eles nos chamam a participar – a todos nós, no mundo inteiro, à medida que caminhamos rumo ao novo milênio.

* * *

Este livro é uma coletânea de mensagens de muitas vozes diferentes. Eu as chamo de revelações, e é assim que as concebo. Mas também é importante dar um sentido preciso à palavra *revelações*. O ser humano é um ser quádruplo dotado dos aspectos físico, mental, emocional e espiritual. Cada um de nós tem seus próprios talentos, capacidades e habilidades, e cada um se destaca numa área específica. Eu, de minha parte, não consigo bater uma bola de basquete nem dirigir um automóvel; quando fico nervoso, me é impossível não quebrar alguns pratos; no piano eu só toco as teclas pretas, e jamais serei capaz de desentupir um vaso sanitário. Mas eu consigo ouvir vozes. Há três milênios, as pessoas com quem isso acontecia eram consideradas santas. Cada vez mais, ao longo dos dois últimos milênios, elas passaram a ser consideradas loucas. Para mim, tudo se resume à questão da capacidade específica de cada um. Quanto mais se equilibrarem em nós os quatro aspectos, tanto menos teremos de exaltar (ou rebaixar) aqueles que se especializam na área espiritual. No futuro, um mecânico de automóveis será tão exaltado quanto um profeta, um atleta, um erudito, um pai ou mãe de família, um agricultor, uma secretária, um bombeiro, um carteiro. Hoje, a pessoa com quem mais me identifico é Julia Child. Ela passou anos atarefada em sua cozinha, preparando diferentes tipos de alimentos, criando receitas para alimentar o corpo – e eu passei anos no silêncio do meu quarto, escutando vozes tranqüilas e suaves, preparando receitas para alimentar a alma.

Este livro tem três partes. A primeira, "As prodigiosas raízes da nossa história", descreve a grande caminhada humana desde o princípio até o presente. O começo dela não está no Éden, mas sim milhões de anos atrás, e o seu alcance não é apenas local, mas galáctico; é uma história ampla e grandiosa, semelhante ao mundo onde hoje vivemos. Além da história, você vai se encontrar com uma legião de santos desconhecidos, aos quais você mesmo poderá se abrir para encontrar sabedoria, consolo e orientação. Cada capítulo dessa parte provém de uma fonte diferente e cada um tem a sua própria introdução, que apresentará ao leitor os seres de quem fui o copista.

Nesta caminhada rumo a um novo milênio, todos temos o dever de não limitar a nossa aprendizagem aos planos mental e espiritual, mas fixá-la bem firmemente no mundo físico. Na Parte 2, "Como fixar a sabedoria no seu corpo e na sua vida", você vai encontrar uma técnica muito específica, revelada pelos santos e pelos anjos, que lhe permitirá despertar para a sabedoria que você carrega dentro do seu corpo, bem no fundo dos seus ossos, de modo que você possa vir a ser a fonte das suas próprias revelações. Depois vai encontrar um caminho de dez etapas a serem exploradas, uma jornada dirigida de transformação, oferecida a nós pelos anjos. Segue-se um pequeno capítulo a respeito da morte consciente, pois a morte é parte da vida e não deve ser temida.

A Parte 3, "Como viver num mundo de esplendores comuns", começa com uma coletânea de mensagens de vários anjos a respeito de assuntos que vão da questão do mal ao tema da manifestação criativa. São passagens que nos oferecem orientação, inspiração e instruções práticas para se viver numa nova era, num novo milênio. Elas o ajudarão a se conscientizar da caminhada espiritual que você mesmo deve empreender e lhe darão apoio para que você se veja a um só tempo como morador do Planeta Terra e cidadão de todo o nosso universo. O livro termina com as mensagens que recebi de Deus ao longo dos últimos anos, mensagens de consolo e de sabedoria, que nos ensinam a viver na Terra de uma maneira nova e mais luminosa.

Este livro é um livro de revelações. Hoje em dia nem todos ouvem vozes, nem todos estão abertos ao influxo da consciência cósmica. Porém, no futuro, todos estaremos abertos a esse influxo, todos seremos profetas e sibilas. Hoje, essas mensagens podem parecer loucura ou milagre. Mas os anjos me disseram que a pessoa que ouve vozes será considerada, daqui a cem anos, uma pessoa perfeitamente normal. Eles me disseram que estamos caminhando rumo a uma era em que todos se abrirão aos santos, aos anjos e a Deus. Então, não precisaremos de ninguém para nos dizer como viver, e, do mesmo modo, não precisaremos de ninguém para consertar o fogão, pois estaremos todos vivendo em equilíbrio, harmonia e perfeita união. E é para esse novo mundo, essa nova época e essa nova maneira de viver como almas encarnadas que este livro foi criado. Com bênçãos para vocês, seus leitores, que caminham rumo à alegria e à renovação, que caminham rumo aos próximos mil anos.

PARTE UM

As Prodigiosas Raízes da Nossa História

1

Quem é o Ser Humano?

Desde 1976 eu ouvia minhas vozes interiores e registrava as suas mensagens. Meus interlocutores eram santos, mestres humanos que não estavam mais no mundo físico. Você vai conhecê-los mais adiante, nesta mesma parte do livro. Foi só na primavera de 1982 que os anjos ingressaram na minha vida. Certa noite, eu estava sentado no chão do meu quarto, meditando, quando uma luz fraca apareceu na parede à minha frente. Essa luz converteu-se num rosto; então, um anjo saiu desse rosto e ficou do meu lado. Tinha mais de dois metros de altura, cabelos dourados, olhos dourados e grandes asas douradas. Você vai notar que chamo todos os meus mestres angélicos de "ele"; poderia também chamá-los de "elas", pois embora possam manifestar-se como mulheres ou homens celestes, eles não são, em essência, nem uma coisa nem outra, mas ambas, e ainda mais.*

Gabriel foi o meu primeiro instrutor angélico. Ele me mostrou como fazer para me abrir aos anjos e como ensinar os outros a fazê-lo por si mesmos. As técnicas que aprendi foram divulgadas em Pergunte ao seu Anjo *e em* Ouça a Resposta dos Anjos. *Gabriel também me revelou que, por diversas que sejam as vidas das almas humanas e dos anjos, tanto umas quanto os outros nascem da mesma parte do coração de Deus, têm um destino comum e precisam uns dos outros para se realizar plenamente.*

* No inglês, o autor chama os anjos de *it* (N.R.).

Depois dessa primeira aparição, a visão de Gabriel desvaneceu-se pouco a pouco, mas ele continuou a falar comigo à semelhança das outras vozes, desde as profundezas do meu cérebro. Depois de Gabriel, foi Rafael quem ingressou na minha vida, e em seguida vários outros anjos. Mas foi só em 1987 que eu conheci o meu anjo da guarda, ou anjo companheiro, chamado Sargolais. E mais tarde, no verão de 1994, Gabriel voltou a falar comigo. A volta dele à minha vida foi um momento muito feliz, o fim de um grande ciclo e o começo de outro.

As palavras que você vai ler me foram ditadas por Gabriel em 12 de novembro de 1994. Ele revela em grandes linhas qual é o nosso lugar no cosmos e introduz os temas que se entrelaçam ao longo de todo o restante do livro. Leia essas palavras lentamente, de preferência em voz alta. Sinta-as entrar em todas as suas células e deixe que elas o mergulhem em visões angélicas. A palavra anjo *significa "mensageiro". Instile essas mensagens no seu coração, no seu corpo, na sua mente. Elas nos vêm de Gabriel como uma dádiva em nossa caminhada rumo a uma nova era da história humana.*

* * *

Antes que houvesse tempo e espaço, Deus é. Antes que houvesse galáxias, estrelas e planetas girando, Deus é. Antes que houvesse vida onde quer que seja, manifestando-se e crescendo, Deus é.

O que é, sempre foi, e sempre será. Deus é, e tudo o que é, é em Deus. E, no entanto, como podemos dizer que algo existe "em" Algo que não está no espaço, mas é o Criador do espaço? E como podemos dizer que Algo era "antes", se esse Algo não está no tempo, mas é o Criador do tempo? As palavras são insinuações, sugestões indiretas. Elas indicam uma realidade, mas não podem contê-la. Deus é. Deus era. Deus sempre será. Tudo o que é, é em Deus e provém daquilo que chamamos de Deus

Galáxias, estrelas e mundos. Quão maravilhosa é a criação de Deus! Alguns a consideram um fruto do acaso. Nós anjos a consideramos santa. Tudo o que é possível está em Deus. Estrelas, mundos, vida. Pois da essência [*beingness*] de Deus tudo surge, e tudo é de Deus. Mundos, vidas e pessoas, em todos os seus diferentes tipos, surgindo, manifestando-se e preenchendo o que é com suas próprias possibilidades criadas por Deus.

Pois Deus amou tanto as possibilidades que Ele [*It*] criou pessoas, pessoas em milhões de mundos diferentes, pessoas para dançar e cantar, pessoas para rir e falar, pessoas para amar e repartir entre si o que há de belo. Pois Deus ama tanto as pessoas que Ele as criou em bilhões de mundos, para que conheçam a realidade e celebrem esse saber, momento a momento, dia após dia.

Semente e alma – juntas elas se erguem do coração de Deus. Pessoas, em milhares de dimensões, livres e explorando a criação – todas elas nascem do coração de Deus. Como poderia o Criador não destinar uma parte da criação à tarefa de espelhar de volta para Ele o que Ele mesmo é? Infinito e multíplice, eternamente criando, o que é hoje é da própria natureza do que foi ontem. E vocês, seres humanos – vocês também são dessa natureza.

Ilimitado e no entanto entretecido* em tudo o que é, Deus nunca está separado daquilo que é. E quando este universo era novo, quando a vida consciente, com sua liberdade, estava começando a se manifestar no plano de Deus, essa vida consciente dirigiu louvores, em canto, a cada uma das estrelas. E cada estrela ainda leva dentro do coração a alegria de ter sido reconhecida e ouvida, sentida e contemplada. Esperando para ser conhecida, reconhecida e amada, toda a criação estava esperando pelos seres humanos. E os seres humanos estão aqui.

Mundos mais antigos, que desejavam fervorosamente o aparecimento de pessoas, deram-lhes nascimento, em milhões de maneiras diferentes. Seres que vocês nunca reconheceriam como seres huma-

---

* Aqui, e muitas vezes a partir daqui, é usado o verbo *to weave into*, ou *weave in*, que significa "tecer, entretecer, entrançar". A idéia aí implícita é a de uma coisa que permeia, se insere e se funde em todas as outras, como a trama com a teia de um tecido (N.T., N.R.).

nos voltaram os seus sentidos para as estrelas, assim como vocês o fazem. E seres semelhantes a vocês em forma e em pensamento – eles também, em outros mundos, voltaram corações e mentes para tudo o que é e regozijaram-se. E também o mundo de vocês, um mundo mais novo, o mundo a que vocês chamam de Terra, oscilando ao redor do seu eixo, dançando ao redor da sua estrela, o mundo a que vocês chamam de Terra – também esse mundo queria pessoas. Pessoas para ver suas águas, suas nuvens, suas árvores e suas flores. Pessoas para compartilhar a alegria e encher seu coração de sons.

Muita gente. Muitos diferentes tipos de gente. Dançando sobre o seu eixo inclinado – eis o que o planeta de vocês queria. Não um só tipo de gente, mas muitos. E lentamente, ao longo do tempo, caminhando à maneira de um planeta, a Terra determinou formas para a criação das pessoas. No mar e na terra, no decorrer do tempo, o mundo que é pai e mãe de vocês criou formas para manifestar as possibilidades que Deus fundara em Seu coração. O povo do mar nasceu primeiro, e depois o povo da terra. Querendo entretecer em suas matrizes a essência de muitos outros mundos, a Terra de vocês e as outras poucas semelhantes a ela, dispersas pelo espaço, lançaram um apelo a todas as dimensões, conclamando as almas de seres sinceros e amigáveis a viajar até aqui. Alguns vieram através do espaço, outros através do tempo. Os seres das dimensões espirituais – eles não precisam, em absoluto, viajar para estar aqui.

E foi assim – ao longo de milhões de anos, entretecendo almas vindas de todas as partes deste universo – que apareceram aqui primeiro os povos do mar, e depois os povos da terra, todos eles santos, todos eles manifestações do desejo de Deus. E diversificados são vocês, tanto no mar como na terra, diversificados e cambiantes e belos, contendo na sua natureza centenas de outros mundos e estrelas; contendo, na matriz dos seus corpos nascidos na Terra, visões, memórias e sonhos de todas as partes do universo. Porque a rodopiante Terra azul, branca, castanha e verde ama tanto a variedade que inseriu em todo o seu povo almas vindas de todas as partes do universo de Deus.

O primeiro povo do mar, unido em harmonia, milhões de anos atrás, se destacou da consciência planetária e cantou para as estrelas. E o primeiro ser da terra firme – ela, um milhão de anos atrás, corpo terrestre tecido de almas vindas das estrelas, depois de um milhão de anos de propagação do espírito, ela, ancestral de vocês, voltou o coração, a mente e os olhos para aquelas estrelas e lembrou-se delas e as amou.

Djigi, o primeiro ser humano a estar plenamente consciente em seu corpo – ela transferiu sua pessoalidade para o seu filho, e ele para todos os filhos dele. E agora, um milhão de anos depois, todos vocês são pessoas, todos vocês são seres humanos. Povos da terra e do mar, cada um no seu caminho, vocês são conscientes, vocês são santos, vocês são filhos do amor de Deus pelas Suas possibilidades.

Lentamente desde o início, de Djigi até vocês, pouco a pouco e ao longo do tempo, vocês entreteceram em seus corpos cada vez mais possibilidades. O mundo era luxuriante e rico quando Djigi apareceu. Era um jardim, e é assim que vocês se lembram dele. Um jardim; e, não obstante, vocês são agora algo muito mais rico do que qualquer coisa que Djigi jamais conheceu.

Caminhando com uma criança no colo – eis como a história de vocês começou. Poderia ter começado de um milhão de maneiras diferentes, como aconteceu em um milhão de diferentes mundos. Mas foi assim que aconteceu aqui na Terra: uma mulher, e em seguida o seu filho, conheceram o universo de Deus.

Espalhando-se pelo mundo, os seres humanos viram, conheceram e amaram a beleza da Terra. Geração após geração, as pessoas mudaram e cresceram. E quando a Terra passou por um lugar distante em seu giro pela galáxia, e quando veio o gelo, os ancestrais de vocês não morreram, mas continuaram a crescer. E esse gelo, que poderia ter matado, selou no corpo humano de vocês, para sempre, a aptidão para a liberdade e a totalidade. Espírito e matéria juntos – eis o que vocês são, e a vinda do gelo evocou em vocês as mais altas possibilidades, de sonhar, fazer, conhecer.

No frio e depois num frio ainda mais intenso, em cavernas e ao redor de fogueiras, os ancestrais de vocês cresciam. Lutando e sobrevivendo, vocês têm a coragem deles viva em cada célula do seu ser. E quando o gelo começou a recuar, quando o planeta de vocês se afastou dos domínios do longo inverno, mais uma vez vocês começaram a movimentar-se e a mudar.

Foi então, quando o mundo se abriu à coragem de vocês, foi então que, em todo o mundo, videntes e anciãos vislumbraram a caminhada que vocês poderiam empreender. E eles se reuniram para fazer a cartografia do espírito. Reuniram grupos de mensageiros, tribos mensageiras, para levar a todas as partes do globo suas palavras de ensinamento. Os irmãos Eshek e Miloak na região que vocês chamam de Europa, Matuae no sul da África, Chishak na Ásia central, Kadik na Índia, aldeias inteiras de homens e de mulheres na Austrália, Hi Shua na China, Tenahila nas Américas – eles e outros em todo o seu planeta ouviram as palavras do crescimento de vocês, viram a caminhada que vocês estavam em vias de encetar. E como batedores que embalam as provisões para uma expedição, eles armazenaram suas palavras de sabedoria para que vocês as levassem nessa longa e difícil caminhada pelo mundo.

Antes de Abraão e Sara, seus ancestrais Eshek e Miloak, na região que vocês chamam de Espanha, estavam formando as tribos mensageiras para levar o alimento do espírito ao longo da caminhada de vocês. Dez mil anos atrás, eles e outros semelhantes a eles, nas diversas partes do mundo, reuniram alimento de sabedoria para abastecer vocês ao longo de toda a caminhada.

Dez mil anos mais tarde, a viagem de vocês está chegando ao fim. As provisões já foram quase totalmente consumidas, como se esperava que fossem. E logo vocês estarão chegando em seu novo lar. Esse novo lar não é um lugar, pois a que lugar novo vocês poderiam ir neste mundo? E onde, entre as estrelas, vocês poderiam encontrar um lar mais acolhedor do que a sua Terra? Não, esse novo lar pelo qual vocês tanto lutaram não é um lugar, mas uma maneira de ser. Pois não é verdade que todos os seus mestres – Moisés, Mahavira, Jesus, Buda, Maomé –, não é verdade que todos os homens e mulheres que foram seus mestres, conhecidos e esquecidos, contaram a vocês a respeito desse lugar, desse novo jardim?

O gelo não matou vocês. Ele os moldou. O que não os matou, deu a vocês a possibilidade de matar. Este mundo que não os matou mas deu-lhes a lucidez, viu vocês chegarem ao ponto de poder matar o mundo. E isso – querido povo humano, essa possibilidade assassina – é o espelho da alma de vocês. Surgidos do coração de Deus e só dele, vejam essa fotografia do que é possível e lembrem-se de quem vocês são.

Naquilo que vocês aprenderam está a sua salvação. Em toda a dor, em toda morte e destruição, vive a primeira e a última esperança. Pois vocês são possibilidades. E lembrando-se disso, vocês podem se tornar, todos vocês, a realização do sonho de Deus para vocês todos. Vocês podem voltar para casa, para a semente do ser de vocês, agora plenamente pronta para desabrochar.

Da árvore ao chão, do jardim ao gelo, cada etapa da caminhada os preparou para se tornarem plenos e santos. Plenamente humanos. Todos vocês, arrebatando essa maravilha dos dentes da destruição. Agora.

Venham para casa. Plenifiquem-se. Vocês habitarão no jardim da alegria, no jardim do amor e dos sonhos. Assim como o Criador fez tudo, assim também no jardim vocês devem fazer florescer a beleza e as possibilidades. Foi para isso que vocês foram criados. Não para ser como anjos, livres para passar de plano a plano. Não, vocês foram feitos para ser um povo na forma, no mundo, encarnados e santos e plenamente espirituais ao mesmo tempo. E é a isso que a viagem dos últimos dez mil anos os leva. Depois que o gelo selou o destino de vocês e então se retirou, a caminhada os refinou e aperfeiçoou. De morte em morte, vocês estão vivos.

Vocês são santos e belos, santos encarnados na forma. Todos os anjos os celebram, a vocês que surgiram conosco do coração de Deus e empreendem essa caminhada difícil e sincera.

Santos e sábios, levando dentro de si a sabedoria das estrelas – estrelas, galáxias e universos. Tudo isso está dentro de vocês. Pois antes que houvesse tempo e espaço, vocês, almas encarnadas, estavam no sonho de Deus. E antes que houvesse vida em qualquer lugar, a visão de vocês estava viva em Deus. E agora vocês estão aqui, humanos e belos, sábios, amorosos, santos. Almas encarnadas. No meio do universo de Deus, prontos para fazer florescer a semente da possibilidade que foi plantada dentro de vocês muito antes de terem nascido.

Maravilhoso e santo é o universo de Deus. E, desde o princípio, o sonho de haver seres humanos fez parte dele. Bilhões de anos de manifestação levaram ao milagre que vocês são – vocês tais como são, milagrosos e santos, encarnados e vivos. Vocês que podem ver a galáxia mais distante, que podem sondar o interior de um átomo. Pois tudo o que vocês vêem vocês tocam, e tudo o que vocês tocam vocês conhecem. E tudo o que vocês conhecem é consumado na criação de Deus. E é para isso que vocês foram criados – para tocar, conhecer e amar a tudo. Maravilhosos e santos, vocês são os filhos de Deus.

2

A Evolução da Vida Humana no Planeta Terra

Antes de me comunicar com anjos, eu dialogava com vários outros seres incorpóreos que eu costumava chamar de guias, mas agora concebo como santos. Distingo esses santos, que foram seres humanos mas agora estão desencarnados, dos anjos, que nasceram da mesma parte do coração de Deus de onde nós também nascemos, mas que nunca se encarnaram, embora possam tomar a forma humana.

O primeiro santo a falar comigo nos meus anos de vida adulta se manifestou em 1976. Recebi os ensinamentos de muitos santos ao longo dos anos, assim como se têm diferentes professores na escola primária. O santo com quem eu falo com mais freqüência chama-se Arrasu, e concebo-o como uma espécie de conselheiro de faculdade. Excetuando-se uma breve passagem pelo mundo corpóreo na Renascença, Arrasu viveu sua última vida física no final da Era Glacial. São suas as palavras que se seguem, transcritas na Califórnia entre 1993 e 1995. Elas dão um relato mais completo da evolução da vida humana em nosso planeta. Enquanto você for lendo, faça com que o seu corpo-eu se lembre de que essa é a história de todos nós. Até o presente, nós desconhecíamos a maior parte do nosso passado. Para entrar no próximo ciclo da nossa história, precisamos estar conscientes da nossa origem e de todo o nosso caminhar.

* * *

I. Aproximadamente 5 milhões de anos atrás, o planeta Terra, um mundo novo e agradável situado na galáxia Via-Láctea, lançou um apelo espiritual para todas as partes do universo: "Planeta preparando-se para a evolução da vida sensitiva na faixa humana de freqüência procura por representantes sensitivos dos mais diversos sistemas para iniciar um experimento de encarnação multicêntrica."

Seres de muitos sistemas planetários e de diferentes planos da realidade responderam a esse chamado. Vieram desencarnados, onda após onda, para entretecer suas muitas dádivas nas estruturas energéticas e físicas deste planeta.

Quando os primeiros representantes chegaram, associaram-se a muitos seres angélicos e à própria Terra para criar uma coletividade incorpórea de espíritos-guias que mais se assemelhava a uma universidade. Quando representantes mais novos de outros mundos chegavam aqui, eles eram recebidos por membros dessa Universidade da Terra e convidados para integrá-la.

Os membros incorpóreos da Universidade da Terra envolveram-se em várias tarefas diferentes. Alguns coletavam informações, outros buscavam descobrir, através dos sonhos, quais eram os desejos do planeta, e outros ainda trabalhavam a partir das dimensões incorpóreas. A tarefa deles era a seguinte: formar uma certa espécie de seres corpóreos na capacidade de manipular freqüências de informação cada vez mais elevadas e mais complexas.

Havia muitas faculdades dentro dessa universidade. As faculdades se organizavam de acordo com as faixas do espectro visível, cujas diferentes energias atraíam para si os representantes de diferentes planetas. Por isso podemos falar da Faculdade Vermelha, da Faculdade Verde, da Faculdade Azul e assim por diante.

Durante vários milhões de anos, os membros da Universidade e as diversas faculdades trabalharam a partir das dimensões incorpóreas para ressintonizar o material genético de uma espécie primata pré-humana até deixá-la pronta para nos permitir encarnar. Em certo sentido, o processo se parecia com a instalação de fios elétricos numa casa. Se a corrente elétrica for demasiadamente intensa, queimará os fios. Por isso, você deverá instalar fios novos se quiser aumentar a corrente. Depois de vários milhões de anos de trabalho, criou-se uma forma física capaz de conter em si a freqüência superior das almas dos membros da universidade incorpórea. Era hora de começar a encarnar.

A densidade da matéria terrestre não se assemelhava à da maioria dos outros mundos. A estrutura do corpo e as diferenças de sexo também eram desafios da maior importância. Além disso, alguns dos novos humanos tinham vindo de mundos onde não havia sofrimento, nem doença, nem dor. As capacidades neuronais próprias da espécie em evolução impuseram ainda outras limitações. Nem sempre era fácil adaptar-se a essas mudanças. Poucos foram os membros das faculdades que, ainda antes de se encarnar, compreenderam o quão difícil seria viver na Terra.

Um planeta cujo eixo oscila é sempre instável. A pobre Terra, tão bela, tinha sido atingida por um asteróide errante logo no início da sua história. Essa colisão deu início à oscilação, à subida e ao movimento dos continentes, e forçou a alma do planeta a enviar o seu apelo, o seu sinal de chamada. Só um planeta instável pode lançar tal apelo. A chamada de seres humanos para cá fazia parte da intenção do planeta – não para estabilizar o seu eixo nem os movimentos das suas placas superficiais, mas para criar uma forma de vida consciente que compensasse esses desequilíbrios.

Vida após vida, existência encarnada após existência encarnada, os membros da universidade continuaram seu trabalho; enquanto isso, almas novas recém-nascidas do coração de Deus também tomavam corpo pela primeira vez na Terra. Morte após morte, nós, seres em evolução, voltávamos às nossas faculdades – para avaliar, para continuar nossos estudos e para preparar uma nova entrada no mundo corpóreo.

Hoje, aproximadamente dois terços de toda a humanidade começaram aqui seus ciclos de encarnação, e um terço são alienígenas residentes que viveram em outros mundos. Volte-se para dentro de si e pergunte-se a que grupo você pertence. Todos nós temos essa resposta dentro do coração, e aqueles que nos rodeiam também a têm. Se alguém já lhes disse que você age como se tivesse vindo de outro planeta, se você nunca se sentiu em casa por aqui, pode ser que você tenha vindo de algum outro lugar. E se você se relaciona com este belíssimo mundo como uma árvore com a terra da qual ela nasce, e nunca se sentiu separado dele, este pode ser o seu mundo natal. Que cada qual respeite a sua história, respeite a sua caminhada, pois os representantes de cada grupo levam consigo dádivas preciosas.

Cada faculdade da universidade era responsável por diferentes aspectos da evolução da humanidade e, quer a partir dos planos incorpóreos, quer nas sucessivas encarnações de seus membros, elas alteraram a estrutura genética dos primeiros seres humanos. As diferentes raças foram criadas por representantes de diferentes sistemas planetários nas várias faculdades; chegaram aqui almas vindas de mais de cem mundos diferentes. As artes, a música e a linguagem, embora entretecidas nos corpos terrestres e refletindo condições terrestres, também continham linhagens de outros mundos dentro de si. E esse processo de tessitura continuou até a época atual.

No nível da alma, pode-se dizer que todas as encarnações – aliás, toda a história – acontecem ao mesmo tempo. Mas quando se ingressa no mundo corpóreo, é preciso desacelerar e passar a existir no espaço/tempo linear. E além da vida corpórea, nós exploramos também uma multidão de outras vidas possíveis e prováveis, na Terra que vocês chamam de lar e em várias outras Terras paralelas. Todas essas realidades são igualmente reais, em diferentes freqüências. Desse modo, vocês podem imaginar quão complexo tem sido o nosso trabalho e o nosso processo de formação.

É de se admirar que tenha transcorrido todo esse tempo terrestre para chegarmos ao lugar onde nos encontramos agora – na iminência da plena manifestação espiritual no corpo físico? E, dada a monumental tarefa que a universidade tomou para si, é de se admirar que, como pode acontecer com qualquer experimento, o trabalho que fizemos nem sempre tenha dado certo?

Com freqüência, depois de nos encarnar novamente, nos esquecíamos quem éramos e de onde tínhamos vindo. As condições deste planeta e a oscilação do seu eixo interferiam na clareza das nossas lembranças. Às vezes nossas famílias e nossas culturas reconheciam que havia alguma coisa de diferente naqueles que vinham de outros mundos. Em alguns lugares essas diferenças eram exaltadas, em outros eram temidas. Muitos alienígenas residentes foram queimados como bruxos, enviados para o exílio, torturados e/ou chamados de santos.

Há muito a se lamentar, mas ainda não podemos "fechar" nossa avaliação da vida humana na Terra. Ainda estamos no meio do grande experimento que o planeta criou para si mesmo — fazer evoluir uma forma de vida encarnada sensitiva e multicêntrica. Nós estamos à espera disso há muito tempo, e agora tudo está mudando. O que se tinha esquecido está sendo novamente lembrado. E nada se perde de toda a história humana. Em nossa alma nós levamos a memória de cada vida que vivemos aqui, de tudo o que aprendemos e da razão primeira pela qual viemos morar aqui.

II. Se você acha que veio de um outro mundo ou de outra dimensão, agora é a hora de se lembrar disso. Abra-se ao seu conhecimento de há quanto tempo você está aqui, abra-se às lembranças de infância, aos sonhos que lhe dizem de onde você vem. Muitos alienígenas residentes sentem saudades do planeta de origem, sentem que não pertencem a este mundo. Porém, mais além dessa sensação de desligamento, pode-se descobrir a visão e o propósito que o trouxe até aqui. Lembre-se do seu mundo natal. Sinta qual é a faixa de energia/informação que você trouxe consigo. Lembre-se por que você veio para cá, pois você é o embaixador de um outro mundo, e está aqui para partilhar da sua sabedoria e das suas percepções no experimento-Terra.

Se a Terra é o seu mundo natal, respeite esse aspecto seu. Respeite a ligação pura e profunda que você tem com este planeta, e use no seu trabalho o poder dessa ligação. Todos vocês terão o poder de transformar a vida neste mundo se respeitarem a Terra como mãe dos seus nascimentos. E se vocês, terráqueos nativos, exercerem esse poder, também os seres vindos de outros mundos realizarão o trabalho deles; pois a Terra é lar para vocês, e o amor de vocês pela Terra será uma inspiração para todos nós.

Entre uma e outra vida corpórea, todos os terráqueos fizeram parte de uma das seis faculdades da Universidade da Terra. Alguns chamam essa universidade de Academia da Luz Branca, pois a energia dela abrange todo o espectro. Agora chegou a hora de você voltar a captar a freqüência cromática da faculdade que lhe cabe no âmbito da universidade maior, de modo a sentir e conhecer qual é a sua especialidade. Em sua forma mais simples, o trabalho de cada faculdade está ligado à energia de uma das cores primárias do espectro visível, e cada faculdade se especializa numa área em particular da vida humana.

Faculdade Vermelha:
necessidades de sobrevivência; trabalho com as energias do planeta; construção de abrigos; movimento, expressão física, esportes e dança

Faculdade Alaranjada:
todas as formas de criatividade; necessidades do corpo e artes curativas; fertilidade, trabalho com animais e plantas, alimentação

Faculdade Amarela:
organizações de todos os tipos, do governo aos negócios; expressão da liderança nos grupos

Faculdade Verde:
intimidade; cuidado maternal; parto e criação de filhos; educação em todos os níveis

Faculdade Azul:
descoberta, coleta e partilha de informações; exploração científica; comunicação em todos os níveis; promoção e conservação da paz

Faculdade Púrpura:
ligação religiosa e espiritual; educação espiritual; captação e disseminação da energia divina e da sabedoria.

Embora cada qual tenha muitas habilidades diferentes, seja portador das linhagens de diversas faixas de informação e tenha tomado aulas em todas as faculdades, cada qual é filiado a uma faculdade principal. Volte-se para dentro, para o fundo da sua alma. Explore a sua história presente e passada. Abra-se para sentir a ressonância interior e exterior da sua faixa principal de freqüência, da sua cor, da sua faculdade.

Depois de fazer isso, dirija a sua consciência para os mestres e conselheiros que o têm apoiado desde a sua chegada ou o seu primeiro nascimento neste mundo — e, caso você ainda não tenha se dedicado a isso, comece a fazer contato consciente com esses seres, que são seus próprios mestres. Em geral, todos os membros da universidade têm um conselheiro principal na faixa de freqüências humanas, o qual pode ser terráqueo ou também oriundo do seu mundo natal; e um da faixa angélica. Tome consciência de ambos os seus conselheiros e comece a se comunicar com eles regularmente, fazendo deles parceiros seus para a fase seguinte do nosso trabalho de transformação. Com muita freqüência, acontece de amigos íntimos e companheiros de vida vindos do mesmo mundo natal e da mesma faculdade não estarem encarnados ao mesmo tempo. Esteja ciente do profundo apoio e da lúcida orientação que lhe podem ser fornecidos por esses amigos agora desencarnados, os quais você apoiou quando eles estavam encarnados e você estava no entre-vidas.

Todo o trabalho que você tem realizado no mundo é essencial e absolutamente necessário; mas, até que você tome plena consciência das suas ligações com a universidade, seu trabalho vai estar sempre andando em círculos, sem se aprofundar no planeta nem subir até as estrelas. Não será uma realização da alma. E essa falta de satisfação se refletirá na sua vida. Com freqüência, os membros encarnados da universidade trabalham em excesso para compensar essa sensação de desligamento. Quando você estiver ligado e assim fizer o seu trabalho, não vai se sentir cansado e terá tempo suficiente para repousar, para brincar e para cultivar novas habilidades e prazeres; terá, além disso, tempo suficiente para desfrutar da companhia de outras pessoas.

Muitos membros encarnados da universidade dedicam o seu tempo ao conhecimento de vidas passadas. Esse trabalho é essencial para algumas pessoas, mas não para todas. Vocês estão vivendo num período crítico. Vocês têm mais dois anos para completar cada qual o seu trabalho pessoal, e isso inclui o conhecimento das vidas passadas. Depois desse período de dois anos, haverá dezessete anos nos quais o enfoque físico e energético será direcionado principalmente para a cura da Terra, e não para a cura individual, sua ou de outras pessoas.

Dada essa determinação, que nos foi imposta pelo próprio planeta, é muito mais importante refazer a ligação anímica com o conhecimento que trouxemos conosco ou acumulamos enquanto estávamos aqui do que nos lembrar de todas as nossas encarnações. No entanto, sabendo que todos nós estávamos nos aproximando desta época crítica, nas três encarnações anteriores a esta cada qual trabalhou para ativar a sabedoria reunida em todas as suas encarnações anteriores. Todas essas informações foram codificadas nessas três últimas vidas, e aqueles que se lembram delas passam a conhecer tudo o que é preciso a respeito de toda a sua história na Terra, quer no corpo, quer fora do corpo.

No entanto, em última análise, toda a história da sua alma está contida nesta vida, na sua vida atual. Sua vida se divide em cinco campos básicos que refletem a sua multidimensionalidade. Saiba sempre que todos os cinco podem e devem estar funcionando plenamente e em harmonia. Ao ler esta lista, utilize-a como um meio de diagnóstico para descobrir qual é o trabalho individual que você deve realizar nesta época de transformação.

1. Se a sua vida profissional não o satisfaz; se você não sente que está realizando o trabalho a que deveria se dedicar nesta vida, então você está pronto para descobrir enfim a finalidade principal pela qual se encarnou neste período. A forma de trabalho que você faz não é importante. Não julgue o trabalho pelos padrões sociais, mas pela sua capacidade de estar presente naquilo que faz; pela sua capacidade de transmitir uma energia lúcida e amorosa, segundo a área de especialização própria da faculdade a que você pertence para partilhar a energia da cura, é muito possível que você se sinta preso ou limitado se for apenas um médico, um acupunturista, um massagista, um fitoterapeuta ou um quiroprático. Alguns dos melhores curadores da história da Terra foram cabeleireiros e garçonetes que trabalharam invisivelmente em prol da humanidade.

2. Se as suas relações íntimas não o satisfazem, se você não ama nem é amado, é porque você provavelmente está desligado da suprema fonte de amor que permeia o universo. Lembre-se que o amor pode nos ser dado por uma pedra, uma árvore, um cão amado, uma flor, uma nuvem, uma estrela, e não apenas por uma esposa, uma criança ou qualquer outro tipo de amante humano. O amor tem muito mais formas do que as conhecidas pelos residentes deste planeta. O esforço para sentir e expressar todas as formas de amor faz parte da finalidade da existência terrestre. Portanto, lembre-se — todo amante, seja ele uma árvore, um cão ou um ser humano, nada mais é do que um dedo que aponta para o Supremo Bem-amado.

3. Se o seu relacionamento com a sua família biológica não está resolvido, é porque você provavelmente perdeu o contato com os vários aspectos dos eus que você teve no passado. Na presente vida, cada um de vocês escolheu muito cuidadosamente os membros da sua família; os talentos deles, e também as fraquezas e as limitações, servem de espelho para que você conheça aspectos do seu próprio eu maior. Desse modo, se você ainda não chegou a aceitar todos os membros da sua família tal e qual eles são, pode ser que você ainda tenha de trabalhar para aceitar a sua própria natureza e para integrar em si todos os eus que você já foi. Até mesmo pais maldosos espelham algum aspecto do passado. Mesmo que você não consiga perdoá-los, ao menos se esforce para vê-los num contexto maior, como seres em evolução que lutam para dominar a corporeidade mas fracassam nessa luta; e lembre-se que isso já aconteceu com todos nós.

4. Se os seus relacionamentos com os amigos são limitados ou não o satisfazem, se você não está conseguindo se comunicar claramente com as pessoas com quem você convive e trabalha, é muito possível que você tenha esquecido toda a complexidade do seu ser e tenha se desligado das diversas faixas de informação necessárias para tratar com os outros membros da universidade. Em cada estágio da vida atual, você escolheu amigos que refletissem a sua multidimensionalidade. Se você não mantém contato com pessoas que conheceu nas diversas fases da sua vida; se não continua a fazer novos amigos que vêm de diferentes faculdades e têm interesses cada vez mais diversificados, então é este o setor da existência que você tem a oportunidade de curar nesta vida.

5. Finalmente, seu relacionamento com o próprio Planeta Terra precisa ser pleno e amoroso. Se você ainda se sente separado do seu corpo, das outras formas de vida e deste mundo mes-

mo, é porque ainda está separado do Lar eterno e sempre presente que é, para todos nós, o Tudo o Que É. A automassagem, o repouso e o lazer, as visitas à natureza, o envolvimento com a cura do planeta – tudo isso pode ajudar a equilibrar a divisão que você ainda sente entre o espírito e a matéria, a mente e o corpo. Isso vai alicerçar no seu corpo atual e no corpo maior da Terra, a Bela, tudo o que vocês trouxeram consigo de outras vidas e de outros mundos.

III. Viver na Terra é um dom perpétuo e um desafio perene. O dom mais simples de todos é a própria encarnação. Pois, por mais danificada que esteja, a Terra ainda é um mundo rico e vibrante e belo, fervilhante de vida, de aventura e de encantos sensíveis. Sinta-se livre para saborear todos os dons gratuitos da Terra: o nascer do sol, as flores, a maravilha de um bando de pássaros em vôo, as relações familiares e a alegria da amizade, que é o maior de todos os dons. Abrindo a sua vida aos outros, você abraça toda a criação. Pois neste mundo há pessoas vindas de todas as partes deste universo – e também de vários outros universos. Comungando com eles, você se liga com o universo inteiro.

Neste mundo, o maior desafio de todos foi o de aprender a manipular a diversidade, a riqueza, a violência e a profundidade das emoções que ele contém. Poucos outros mundos têm uma paleta emocional tão variada e complexa como este; pois poucos outros mundos entretecem linhas emocionais de tantos mundos diferentes. Os membros encarnados da universidade sofrem com freqüência de dores emocionais que eles tentam bloquear sobretudo por meio do uso de drogas, da negação da realidade e da dedicação excessiva ao cuidado das outras pessoas. Explorem esses aspectos do seu próprio eu e os utilizem para curar seus corpos. E agora chegou a hora de nos lembrarmos da sabedoria que trouxemos, enquanto almas imortais, para cá, das feridas que sofremos aqui e da razão primeira pela qual decidimos nascer aqui: a possibilidade de expressar o nosso amor inato pela corporeidade.

A criança aprende a respeitar o poder do fogo já na primeira vez em que ele lhe queima a mão. Uma alma encarnada pode precisar de mil vidas para adquirir o domínio sobre o fogo das emoções terrestres. E uma espécie pode precisar de um milhão de anos para aprender a dominar a tremenda complexidade da existência humana num mundo complexo como a Terra. Porém, cada encarnação isolada é uma dádiva, por mais dolorosa que seja. E agora, depois de um milhão de anos de vida encarnada, estamos na iminência de uma transformação global. No decorrer das eras, mestres da Universidade da Terra foram se encarnando em todas as culturas, em todas as épocas, para mostrar em sua vida o que significa ser plenamente humano, plenamente encarnado. E agora, pela primeira vez na história, vivemos num mundo em que toda a humanidade está pronta para se encarnar plenamente, por mais improvável que isso pareça quando escutamos as notícias. Mas o tempo está próximo, e tudo o que agora se exige de nós, enquanto membros das faculdades da Universidade da Terra, é que cada qual reúna em si todo o seu amor e toda a sua sabedoria e os irradie para fora, para todo o mundo.

Assim como o nosso belo planeta fez evoluir uma forma de vida sensitiva que vive na terra, assim também criou para si uma forma de vida sensitiva que vive nas águas. O povo do mar – golfinhos e baleias –, dada a sua história diferente, desenvolveu a percepção consciente em suas próprias faixas de freqüência milhões de anos antes de nós. Num certo sentido, pode-se dizer que são eles os seres sensitivos autóctones deste mundo, e que nós, seres humanos, somos apenas os recém-chegados. No entanto, eles também têm suas próprias ligações com outros mundos, pois a faixa de sensitividade que incorporam manifestou-se em vários outros planetas. Nós, seres humanos, não poderemos entrar no próximo ciclo da nossa história sem fazer contato consciente com os cetáceos. Que todos lembrem que os cetáceos e os seres humanos são os dois hemisférios da rede neuronal de sensitividade deste planeta, e, quando eles trabalham juntos, o trabalho do próprio planeta é facilitado.

Abra-se agora para o povo do mar. Sinta a presença da consciência deles, sábia e muito diferente da de vocês. Passe algum tempo junto à água se possível, mas saiba que basta ter a intenção de comunicar-se com a energia dos cetáceos para ter acesso à sabedoria deles. Cada uma das faculdades humanas tem suas próprias ligações com as diversas famílias do povo do mar. Abra-se a esse povo por meio da sua própria faculdade e descubra qual é a família de cetáceos à qual você está ligado; então, o trabalho que você faz no corpo vai se aprofundar e fluir para o mundo. Sozinho, nenhum dos dois povos deste planeta pode realizar o trabalho de incorporação para o qual o planeta nos criou. Juntos, harmonizando as diferenças que existem entre os dois povos, nós podemos realizá-lo.

À medida que o planeta desenvolvia a sensitividade física, ele criou sistemas de reserva para o caso de o experimento dar errado. A reserva para os cetáceos eram os elefantes. Se a sensitividade não tivesse se estabelecido nos cetáceos, o planeta teria destacado os ancestrais dos atuais elefantes para veicular essa faixa de consciência. E em terra, se o experimento com os primatas falhasse, o povo dos ursos teria continuado o trabalho de evolução. Até o dia de hoje, devido ao trabalho potencial de preparação para a reserva, os elefantes e os ursos são guardiães do limiar, entradas para a possibilidade. Eles são pontes que ligam o ser humano com os reinos animais. Quando vocês se abrem para eles, vocês se ligam mais ainda com o planeta, com a multidão de outros seres que vivem aqui e com o grande e esplêndido trabalho que o planeta escolheu para si.

Desse modo, juntamente com os anjos, com os ancestrais vindos dos mais diversos mundos, em harmonia com as outras faculdades da Terra e com o apoio dos cetáceos, dos elefantes e dos ursos, vocês podem dar continuidade, nesta época, ao trabalho da sua alma — viva, plena e livre.

IV. A Terra é um mundo difícil e belo. Quando os membros da universidade começaram a se encarnar, defrontaram-se com condições ainda mais difíceis. Desse modo, no decorrer do tempo, a universidade assumiu como uma de suas principais funções a reabilitação *post-mortem* dos seus membros.

Assim como um quarto pode se encher de ondas de rádio irradiadas por muitas estações emissoras, sem que nenhuma delas interfira com nenhuma das outras, assim também as várias freqüências, instalações, salas de aula e salas de cura da universidade coexistem. Dependendo das necessidades de uma pessoa por ocasião da sua morte, essas diferentes zonas de realidade energética podem aparecer, seja como o paraíso judeu, seja como o inferno budista, seja como o limbo católico, seja como o Nada dos existencialistas, seja como qualquer um dentre um número indefinido de estados independentemente criados. Esses estados são criados em harmonia com a entidade anímica de um determinado indivíduo e de acordo com a vontade dos seus diversos guias e anjos.

Segundo o ponto de vista de vocês, encarnados, as entidades voltam para essas zonas de reabilitação entre as vidas. Mas o tempo que transcorre entre as vidas é fluido, expansível e tudo nele está interligado. Dependendo da consciência pessoal de uma entidade, ela pode ou não perceber que está em reabilitação. Ou melhor, pode ou não compreender que a "realidade" na qual se encontra é uma "realidade" criada, planejada especialmente para curar e para educar.

Durante a permanência numa unidade de reabilitação da universidade, os vários aspectos do eu serão curados, instruídos, guiados. É um tempo que se dedica à reflexão sobre a encarnação recém-terminada, e, à medida que as entidades se tornam mais conscientes, é tempo próprio para se planejar as encarnações seguintes. É também o tempo em que as entidades fazem acordos umas com as outras. Famílias reunir-se-ão aqui, juntas, para planejar ulteriores aventuras em grupo. Tribos de almas também se encontrarão e prepararão linhas de informações que as ligarão mais tarde. É mais ou menos como os grupos de desenhistas de moda que se reúnem para decidir a respeito das cores do ano seguinte, mas que parecem rivalizar uns com os outros depois que os novos vestidos foram lançados.

Há muito acordo e desacordo entre os membros das tribos de almas e entre os membros das diferentes faculdades da universidade. Não só os acordos, mas também os desacordos modelam a realidade. E a vida encarnada é uma oportunidade para se pôr à prova as diferentes teorias sobre o crescimento físico e a aprendizagem.

Não há razão para se supor que nós, que ensinamos na universidade, sejamos mestres absolutos em matéria de encarnação. Embora tenhamos vindo de diferentes mundos, nós mesmos ainda estamos aprendendo. E, com muita freqüência, um indivíduo que é mestre numa encarnação volta para a reabilitação e torna-se discípulo de outro indivíduo que era seu discípulo na mesma encarnação. Do mesmo modo as entidades pertencentes a certas tribos anímicas costumam encarnar-se por turnos, e as desencarnadas dão apoio às encarnadas.

Muitas das técnicas de cura física que vocês estão começando a praticar na Terra são coisas que aprenderam aqui. Todas as antigas escolas de mistérios do seu passado histórico recorreram à universidade incorpórea, mas nenhuma delas foi capaz de veicular conscientemente tantas informações quantas vocês são capazes de assimilar no corpo nos dias de hoje. Atualmente num grande número de indivíduos, o peso anímico do corpo é maior do que jamais foi antes, em qualquer época, na história das encarnações humanas neste mundo.

Fora da forma corpórea, de volta à universidade, é mais fácil para cada qual se ressintonizar com o propósito que o trouxe até aqui. O mais difícil sempre foi integrar essas informações quando se volta para o corpo físico. Não existe um pecado último, uma dissonância essencial, que explique todas as suas supostas falhas nesta e em outras vidas. Era só vivendo essas vidas – repito, *essas vidas* e não outras, imaginárias – que vocês poderiam aprender o que precisavam aprender neste mundo em particular. Em outros mundos, *é* mais fácil. Mas vocês vieram para *cá*. Vieram pelo gosto do desafio. Mesmo no auge da fraqueza, lembrem-se de que vocês vieram porque são audaciosos, fortes e estão à procura de aventuras para a alma.

Na reabilitação, cada qual chega a ser o que é em sua totalidade e perfeição. Na reabilitação, cada qual pode mais uma vez desfrutar da alma e de Deus com clareza. Porém, o propósito da existência de vocês, de todos nós, é de fato a encarnação, é infundir uma certa freqüência de consciência na corporeidade. Foi para isso que o Criador os criou. E se vocês se esquecem disso numa determinada encarnação, na reabilitação vocês certamente se lembram de novo. É verdade que vocês podem ter de ficar circulando por diversos "infernos reabilitatórios" dirigidos pela alma. Porém, ao fim e ao cabo, encontrarão às apalpadelas o caminho para fora do gelo ou do fogo. E quando tiverem feito isso e voltarem conscientemente à universidade, estarão prontos para voltar à Terra. Pois é só quando se domina plenamente a corporeidade que se pode pensar em partir para outra aventura.

Por favor, saibam e lembrem-se de que não existe a chamada condenação eterna. Os cursos de estudo na universidade também não são eternos. Quando voltaram à Terra, vocês podem até ter se esquecido do que aprenderam, mas só se esqueceram no nível consciente. As informações absorvidas continuam arquivadas em todas as suas células, corpóreas e incorpóreas. Até o presente, o corpo e o cérebro humanos não estavam preparados para manipular conscientemente esse tipo de informação. Mas o trabalho que realizamos na forma corpórea mudou esse estado de coisas. O cérebro de vocês está despertando para o seu pleno potencial, e um número cada vez maior de pessoas está se "lembrando" de coisas que, em outras épocas, só uns poucos em cada geração se lembravam. E todos juntos, como uma família, estamos a ponto de criar na Terra aquele paraíso corpóreo com que sempre sonhamos e pelo qual trabalhamos no decorrer do último um milhão de anos. Pois a alma nunca está separada de Deus, da sabedoria cósmica. E agora, na época atual, por mais que isso pareça improvável quando se lê o jornal de manhã ou se ouvem os horrores veiculados nas notícias da noite – agora, pela primeira vez em toda a história da humanidade, o corpo humano está preparado para saber também que ele nunca esteve separado de Deus.

3

As Origens da Civilização no Planeta Terra

Também este capítulo foi composto por Arrasu, meu conselheiro na Universidade da Terra. Depois de ler o capítulo anterior, você talvez já esteja procurando estabelecer uma ligação consciente com o seu próprio conselheiro. Enquanto você caminha pelo mundo, vá examinando as pessoas que fazem parte da sua vida. Pergunte-se quais dos seus amigos e familiares provêm da mesma faculdade que você. Com freqüência, nós encontramos amigos de antigas eras e acreditamos que a profundidade da ligação é um sinal de amor romântico; assim, estabelecemos um relacionamento que não faz jus à nossa verdadeira ligação.

Muitas religiões nos quiseram convencer que a corporeidade é um castigo, de que o fato de estar num corpo é um sinal de que nós decaímos de um estado de graça original, esquecendo-nos da nossa verdadeira natureza. Mas o que os anjos e os santos me contaram é que Deus nos criou para a corporeidade, e que o domínio sobre ela é o propósito da nossa existência. Não entendo por isso o simples estar num corpo, mas sim o estar num corpo junto com outros seres corpóreos, para assim criar um mundo de alegria, de amor, de verdade e de beleza. Assim como uma árvore precisa ter raízes fortes e sadias, assim também nós precisamos conhecer as nossas próprias raízes para poder vicejar. Neste capítulo, você vai encontrar a história da primeira civilização deste planeta, a primeira tentativa feita pelos nossos ancestrais para se encarnar conscientemente.

* * *

Cinco milhões de anos atrás, este planeta lançou um apelo para os seres sensitivos encarnados de uma certa espécie que viviam em outros mundos. O apelo expressava o anseio do planeta de criar para si mesmo uma nova forma de sensitividade, uma forma que entretecesse conjuntamente representantes vindos de muitos mundos diferentes. A Terra já criara veículos físicos para a forma de sensitividade que se manifesta nos golfinhos e baleias. Porém, ela queria uma segunda variedade, uma variedade que complementasse a dos cetáceos. E, vindos de todas as partes deste universo, seres que ouviram o apelo da Terra começaram a chegar aqui, incorpóreos, para participar do experimento terrestre.

Depois de três milhões de anos de trabalho feito nas dimensões incorpóreas e dirigido à evolução de uma espécie primata protossensitiva, surgiu uma forma de vida corpórea que era capaz de manipular freqüências humanas básicas.

Esse trabalho foi coletivo e envolveu numerosos representantes de sete diferentes sistemas planetários, mais um número menor proveniente de diversos outros mundos – todos eles trabalhando em colaboração com devas, anjos e com o próprio planeta. Lentamente, no decorrer dos dois milhões de anos seguintes, diferentes entidades começaram a se encarnar nessas formas recém-evoluídas, enquanto grandes vagas de outras entidades continuavam a chegar aqui. Juntas, todas elas trabalharam para sintonizar os corpos físicos desde dentro, alterando a sua estrutura genética e intensificando a sua capacidade vibratória.

Ao mesmo tempo, nos planos incorpóreos, outras entidades estavam trabalhando para criar culturas terrestres capazes de entretecer e reunir num só conjunto os padrões de sensitividade vindos de outros mundos. Numerosos experimentos incorpóreos foram realizados para pôr à prova diversas culturas e aprender a partir delas. Esses experimentos ocorreram em dimensões alternativas, como imensos sonhos coletivos. As entidades que participaram dessas culturas coletivas trabalharam juntas para preparar a nossa espécie para a plena encarnação.

Esses experimentos são conhecidos por diversos nomes – Atlântida, Lemúria, Mu. Cada um deles nos permitiu explorar um diferente território da consciência, e cada um deles promoveu a evolução da nossa espécie. Finalmente, criamos um experimento em Kandayata, um "continente perdido" nas dimensões incorpóreas, coexistente com o Oceano Índico, que foi bem-sucedido em todos os setores, individual e coletivamente. A vida em Kandayata era pacífica, diversificada e criativa, sem lutas pelo poder e com equilíbrio entre os sexos e entre todos os seus habitantes de pele azul. Criou-se lá uma tecnologia harmônica com o planeta e capaz de suprir as necessidades humanas. A essa altura, ficou claro que tanto as nossas almas quanto os veículos físicos que tinham sido criados para que elas neles se encarnassem estavam prontos para um processo de encarnação em massa.

Isso aconteceu há aproximadamente cem mil anos. Desde essa época, um número cada vez maior de almas foi se encarnando aqui, participando do nível seguinte do nosso experimento evolutivo – a criação do que chamamos de civilização.

É verdade, a vida aqui sempre foi difícil. Mas a nossa força coletiva era grande e nós sabíamos que, assim como os pássaros não nascem voando, mas precisam em certo momento saltar do ninho, assim também nós já estávamos preparados e só precisávamos "saltar" da nossa civilização incorpórea para o mundo rico e fértil da plena corporeidade. Muitos vêem essa passagem para a matéria como uma queda, uma perda da graça, estimulada por anjos caídos. Mas nós, na universidade, vemos e nos lembramos dessa entrada como uma época de coragem e lucidez.

Muitos procuram na Atlântida e na Lemúria as origens da civilização. Outros, lançando um olhar retrospectivo sobre a história, pensam que a civilização surgiu há alguns milhares de anos, no Egito e na Mesopotâmia, na Índia e na China. Esquecemo-nos de que até mesmo essas civilizações tinham raízes. Ignoramos o que a arte radiante e sofisticada dos assim-chamados homens das cavernas nos tem a dizer a respeito da consciência humana em meados da última Era Glacial. E nada sabemos, em absoluto, a respeito da primeira civilização a surgir corporeamente em nosso planeta, nas verdejantes planícies da África, na região que hoje é o Saara, antes do último grande avanço do gelo.

Essa primeira civilização estabeleceu padrões matriciais na consciência humana que modelaram e orientaram todas as culturas subseqüentes que surgiram neste planeta. O nome dessa civilização desde há muito esquecida era Ushtu.

A história de Ushtu escapou da nossa mente consciente, mas permaneceu nos bancos de memória de todos nós, codificada bem no fundo da nossa estrutura genética. A lembrança de Ushtu reside ainda no inconsciente coletivo da nossa espécie e também no campo morfogenético – essa teia de energia e de informação que envolve nosso planeta e à qual estamos todos ligados. Dotada de um clima quente e de uma vegetação luxuriante que proporcionava alimento em abundância, Ushtu era o Jardim do Éden, o Paraíso, a Idade de Ouro de que tantas culturas diferentes se lembram em seus mitos.

Rituais e estruturas de crença que estão disseminados por toda a humanidade foram codificados dentro de nós por nossos ancestrais na época em que Ushtu floresceu, isto é, desde aproximadamente noventa mil anos atrás até que os mantos de gelo começassem a avançar e as mudanças climáticas desencadeassem movimentos migratórios que espalharam nossos ancestrais por todas as partes do planeta.

Sociedade estável cuja cultura floresceu durante milhares de anos, Ushtu foi rica em música, em dança, em histórias e em objetos de arte. Tudo o que nossos ancestrais construíam era desenhado, pintado, esculpido e embelezado. Poucos vestígios dessa civilização permanecem, embora recentemente, ao se examinar das alturas a superfície da Terra, tenham-se encontrado sinais dos antigos rios do Saara, e, com o tempo, artefatos do povo que lá viveu também poderão ser descobertos.

No seu apogeu, muitos milhares de pessoas viveram dentro ou nas proximidades dos principais centros de povoamento de Ushtu, tanto no norte como no sul da África. Havia redes de colônias espalhadas em torno dos muitos rios, e as pessoas iam a pé ou de jangada de aldeia em aldeia. A paz reinava em Ushtu. Não havia hostilidades. Cada aldeia era governada por um conselho de anciãs que nomeava os chefes masculinos e os líderes das cerimônias. Esse equilíbrio de poder, e um sistema de parentesco matrilinear, vigorou durante toda a existência dessa civilização esquecida.

Quando os modelos básicos de cooperação grupal foram estabelecidos em Ushtu, muitos dos seres vindos de outros mundos começaram a se encarnar com o propósito de passar conhecimentos às almas recém-criadas que escolheram este planeta para a primeira encarnação. Os rudimentos da arte, da agricultura e da espiritualidade foram passados para as pessoas de Ushtu por especialistas vindos de diferentes mundos, todos os quais haviam participado da criação das culturas incorpóreas que precederam aquela época. Por meio de canções, de danças e da narração de histórias, as informações foram transmitidas dos anciãos para o povo ao longo das gerações. As origens do xamanismo remontam a Ushtu e aos seus anciãos. Os primeiros edifícios e monumentos construídos em harmonia com as correntes energéticas do planeta também surgiram em Ushtu. Uma língua comum, só falada, ligava todos os seus moradores. E até hoje, todos os seres humanos organizam pensamentos e ações segundo modelos que surgiram no plano físico entre os nossos ancestrais africanos.

Antes de Ushtu, nossos ancestrais eram primatas eretos construtores de ferramentas, que tinham a capacidade de falar e uma noção básica de cooperação. Estavam entre a consciência animal e a consciência sensitiva. Porém, a partir de Ushtu, passamos a ser seres humanos sensitivos.

É fácil olhar para a história humana e vê-la como um vale de lágrimas. Nosso experimento, como todas as tentativas semelhantes empreendidas em qualquer outra parte do universo, tem sido longo e difícil. Porém, quando considerada a partir do ponto de vista dos incorpóreos, reconhecemos nela uma lenta e gradual evolução da sensitividade, inaugurada neste planeta por multidões de almas imortais em reencarnação.

Não é fácil tornar-se humano, especialmente quando tantas linhagens diferentes estão sendo entretecidas, e tendo como hábitat um mundo tão fisicamente instável como o nosso. Na maior parte dos outros mundos, não se encontra essa rica mistura de elementos nem os desafios físicos impostos por este planeta. O experimento da Terra é raro e, por isso, nós temos sido observados por muitas raças diferentes, tanto corpóreas quando incorpóreas, algumas nas quais o poder se exerce pelo consenso, e outras nas quais se exerce pela força. Mas o coração deste planeta é um coração generoso. As energias contrárias à natureza profunda do planeta podem viver na superfície, mas não podem lançar aqui raízes profundas. E, por causa disso, o experimento que há não muito tempo iniciamos em Ushtu está na iminência de atingir sua consumação.

A partir de um aglomerado de pequenas aldeias constituídas de cabanas de palha dispostas em círculo, cada aldeia distante das outras cerca de um dia de caminhada a pé, criamos o princípio de uma cultura global. Embora as guerras ainda assolem diversas partes deste planeta, embora muita gente ainda vá para a cama faminta (isso quando tem uma cama), muitos seres humanos podem ir a uma loja de música e comprar discos que contêm músicas vindas de todas as partes deste planeta, ou apanhar um telefone e falar instantaneamente com alguém no outro lado do mundo.

No passado, em cada cultura que aqui surgia, surgiam indivíduos capazes de portar a plena sensitividade humana nas fibras dos seus corpos. Muitos desses grandes mestres ainda são conhecidos, mas a maior parte deles foi esquecida pela história. No decorrer do tempo, começou a aparecer um número cada vez maior de indivíduos capazes de conter essas freqüências. E estamos chegando a uma época em que todos aqui serão plenamente sensitivos, em que todos serão sábios, amorosos e plenos. Quando isto acontecer, a nova cultura global que estamos criando florescerá e crescerá com vigor.

Juntos estamos em pé num limiar, um limiar de vinte anos de possibilidades. Juntos, nós, herdeiros da antiga Ushtu, podemos transformar nosso mundo belicoso num mundo de paz, riqueza e criatividade. Há alimentos suficientes para alimentar a todos e há recursos materiais suficientes para abrigar e vestir a todos. Nossas necessidades físicas são variegadas o suficiente para que todos tenham uma ocupação útil e aprazível. Com as mudanças corretas, nosso mundo poderá se estruturar de modo a evoluir em harmonia com o planeta e com todas as diversas formas de vida que vivem aqui, corpóreas e incorpóreas.

A promessa desse tipo de civilização foi gravada em nossos genes no coração da África. Temos apenas de entrar dentro de nós mesmos para encontrá-la. Na escuridão da noite, olhando para as estrelas, podemos nos lembrar de que muitos dos nossos ancestrais vieram de lugares distantes, vieram para participar de uma nova aventura da consciência. Ao som de tambores, ao canto rítmico das nossas próprias vozes, ao som de flautas simples e ao pisar dos pés dos dançarinos, podemos nos religar com os sonhos primordiais desses antepassados, muitos dos quais eram o nosso próprio eu em outros tempos e outros lugares.

A promessa da vida encarnada infundida no material genético dos nossos ancestrais em Ushtu foi ensinada em todas as culturas deste planeta: "Amem uns aos outros, ajudem uns aos outros, partilhem por igual os ricos e nutritivos recursos deste planeta." Essas verdades básicas são universais, e estão codificadas em todos os corpos. É por causa de Ushtu que nós sabemos que a vida poderia ser melhor do que é, que nós podemos todos sonhar com um mundo melhor. Sem Ushtu, não sonharíamos.

Sintam as informações que vocês carregam dentro de si vindas de Ushtu. Lembrem-se de um tempo e de um lugar em que um povo de pele cobre-alaranjada, uma cor que não existe mais nos dias de hoje, criou a primeira civilização deste planeta. Sintam os sonhos que vocês carregam dentro de si desde aquela época. Saibam que a história de vocês é rica, que vocês contêm dentro de si a maravilha de Ushtu. Saibam também que vocês estão vivos agora para participar da manifestação final de um processo que começou muito tempo atrás, quando o Saara ainda era luxuriante e belo e a espécie de vocês ainda era jovem.

Quando nossos astronautas pela primeira vez olharam para trás em direção à Terra, viram uma luminosa pérola azulada debaixo da sua minúscula astronave. Uma única fotografia do nosso planeta, tirada a partir do espaço aparece atualmente em pôsteres, em cartões postais e capas de livros. Essa imagem tornou-se um cartão de visita do destino de todos nós. Uma imagem circular; nuvens brancas rodopiam para cima vindas da parte inferior. O oceano azul circunda uma massa de terra marrom-esverdeada na parte de cima da imagem. É a África que você está vendo. Seus olhos seguem os olhos do fotógrafo – caindo diretamente sobre a outrora fértil planície que deu à luz a antiga Ushtu.

Cinco milhões de anos atrás, este belo planeta azul e verde decidiu patrocinar um experimento de evolução da sensitividade. Dois milhões de anos atrás, surgiu uma espécie capaz de realizar o desejo do planeta. Cem mil anos atrás, na África, essa espécie atingiu um grau supremo de qualidade de vida e enviou seus membros para todas as partes do mundo. Atualmente, juntos, neste nosso tempo, podemos dar início às mudanças globais na consciência que anunciarão para o universo que o experimento deu certo.

Foi em Ushtu que nós encetamos a caminhada que nos trouxe até a época atual. Ushtu é o paraíso primordial de que falam os mitos vindos de todas as partes do planeta. É ele que dá cor e forma a todos os nossos sonhos. Ushtu foi a infância da nossa espécie. Foi o nosso Éden. E, à medida que nos abrirmos à lembrança dele, o mundo futuro que estamos criando nascerá das raízes dessa época desde há muito esquecida.

4

A Primeira Aliança

Conhecendo já as raízes da civilização global, podemos agora explorar as raízes primevas da civilização que se espalhou pelo globo, a cultura do Ocidente. Também conhecida como civilização judeu-cristã-islâmica, essa cultura dominou o mundo inteiro nos últimos séculos, e o conhecimento das suas raízes nos dará subsídios para transformá-la a partir de dentro.

Embora lance raízes em muitos lugares diferentes, do antigo Egito à Grécia, da Pérsia ao mundo dos celtas, a civilização ocidental se baseia atualmente nas escrituras dos antigos hebreus. Nossa moral e nossa cultura foram inevitavelmente modeladas por esses documentos quer sejamos fundamentalistas religiosos, quer sejamos humanistas seculares. Como o ar que respiramos, esse embasamento é invisível e onipresente.

Quais são as raízes dessa cultura? Segundo Arrasu, a história espiritual do povo ocidental é ainda mais antiga do que imaginamos, mais antiga do que as nossas escrituras, mais antiga do que todas as idéias formadas a respeito do assunto. O conhecimento das nossas raízes pode nos dar força para crescer em sabedoria e vigor à medida que criamos uma nova civilização global. Nas palavras que se seguem, você poderá explorar essas raízes por si mesmo.

✳ ✳ ✳

O que vocês chamam de civilização ocidental não começou na Mesopotâmia nem no Vale do Nilo. As origens dessa cultura enorme e diversificada na verdade se encontram no Mediterrâneo ocidental, no litoral da região que hoje é chamada de Espanha. Muito mais antiga do que vocês imaginam, a civilização ocidental remonta ao fim da última Era Glacial, ao mundo que se seguiu a Ushtu.

Quando o gelo começou a recuar, os modelos culturais que haviam servido à humanidade durante milhares e milhares de anos começaram a se tornar obsoletos. As técnicas de vida dentro e fora do mundo, em transe ou fora do corpo, começaram a ser substituídas por um modo de vida muito mais voltado para a corporeidade. Trata-se de um passo inevitável e totalmente condizente com a evolução de uma espécie sensitiva. A partir das raízes de uma cultura, crescem o tronco e os ramos. Desse modo, arraigado numa profunda ligação com a Terra e com os mundos espirituais, seu povo começou a se exteriorizar e a explorar o próprio mundo. Dez mil anos mais tarde, vocês estão no fim do ciclo histórico que começou naquela época. É no momento atual da história que os frutos do esforço de vocês estão prontos para serem consumidos.

O fim de um ciclo sempre evoca a energia do seu princípio. Por isso, falando agora sobre essa época, também lhes falamos sobre a história do povo de vocês. Pois a história dos hebreus não remonta à cidade de Ur, na Mesopotâmia, nem remonta à descoberta de um Deus único por um homem chamado Abraão. A história de vocês é muito mais antiga do que isso. Também ela remonta às origens da civilização ocidental.

Quando o gelo se recolheu e os seres humanos tiveram de novo a chance de se espalhar para explorar novamente o globo, os laços que uniam todas as pessoas do mundo foram desatados. Porém, certas verdades que estavam arraigadas na psique coletiva ainda precisavam ser lembradas. Por isso, nessa época, nas mais diversas partes do globo, certos grupos de pessoas, nem todas elas parentes biológicos, decidiram se reunir e trabalhar juntos como tribos mensageiras. Essas pessoas não se uniram apenas num nível cotidiano e num nível energético; uniram-se entre si nos próprios bancos de informação coletiva da espécie humana. A união foi tão forte que elas foram capazes de alterar conscientemente o seu material genético e transferir as suas interligações e o seu propósito para os seus descendentes físicos.

O trabalho das tribos mensageiras se manifestou no espaço e no tempo. À medida que o mundo se aquecia, à medida que as pessoas começavam a se dispersar, o trabalho das tribos mensageiras consistia em levar informações de lugar para lugar, a fim de conservar vivos no mundo físico os laços que uniam a espécie no plano espiritual. Além de comunicarem as notícias, as tribos comunicavam também a antiga sabedoria que sempre unira toda a humanidade.

Essas tribos mensageiras não serviam a si mesmas. Serviam à espécie e foram escolhidas pela espécie. Havia tribos mensageiras em todo o globo. No Oriente, onde a decisão da espécie de explorar a corporeidade não era tão firme quanto no Ocidente, a função das tribos mensageiras não foi tão essencial. Lá, no decorrer do tempo, o povo como um todo foi se lembrando da sua sabedoria-raiz, e, ao fim e ao cabo, a maior parte das tribos mensageiras orientais foi reabsorvida por outras tribos e povos. No entanto, os ciganos ainda sabem que foram mensageiros da Ásia, e os aborígines da Austrália constituem até hoje uma tribo de mensageiros, fechada em si mesma, mas portadora de uma sabedoria útil para toda a humanidade.

No Ocidente, onde a espécie decidiu explorar ao máximo a corporeidade, a necessidade de tribos mensageiras era mais intensa. A aliança original entre o Espírito e as tribos mensageiras, a aliança original firmada pelos ancestrais dos hebreus, não aconteceu no Monte Sinai nem entre Deus e Abraão. Aconteceu no litoral oriental da Espanha, num grande acampamento denominado Inathid, hoje enterrado sob o mar. Foi em Inathid que o primeiro círculo de pedras, o ancestral de todos os Stonehenges, foi construído. E foi em Inathid que, quando o gelo se recolheu, um grupo de pessoas — em transe profundo, em ligação profunda com o Espírito e com a vontade coletiva da humanidade, lembrando-se da grande caminhada que começara em Ushtu – escolheu para si mesmo, e para quem quer que se encarnasse nos corpos dos seus descendentes, a tarefa de ser o povo mensageiro para a sua civilização.

A partir da Espanha, a civilização tal como vocês a conhecem espalhou-se pelo Mediterrâneo até partes da Europa, da Ásia e da África. Por mais diversificados que fossem os povos desses continentes, eles estavam ligados pelas constantes perambulações das tribos mensageiras. A sabedoria e a história eram transportadas e recordadas por essas pessoas. Mas a civilização cresceu e o velho modo de vida nômade foi substituído por uma vida de metrópoles, de países e de fronteiras. O trabalho das tribos mensageiras foi ignorado, esquecido. Cada cultura inventou suas próprias raízes, sua própria história – isolada e separada da história coletiva que as tribos mensageiras relembravam. Com o tempo, muitos membros das tribos mensageiras casaram-se fora da sua tribo e se esqueceram da antiga língua comum a todas elas, que estava relacionada com a língua do povo basco.

Conta-se que a história do povo hebreu começou com Abraão. E Abraão existiu mesmo, ainda mesmo que muitas das histórias que se contem a seu respeito não passem de histórias. Porém, esse Abraão era membro de uma tribo mensageira – e ele sabia disso. Ele se lembrava do seu trabalho, mas não fez esse trabalho sozinho. Tinha a seu lado vinte e sete pessoas que ainda estavam comprometidas com o trabalho que os seus antepassados lhes tinham legado. Elas se lembravam da aliança de Inathid e dos longos ciclos de informações que as mães passavam para os filhos, e os pais, para as filhas. Observando o mundo ao seu redor, as guerras e os assassinatos que eram mais destrutivos do que o gelo, eles se reuniram e fizeram um juramento, a Deus e a cada um dos outros, de prosseguir com a obra mensageira por mais difícil, indesejável ou supérflua ela lhes parecesse.

Embora também isso tenha sido esquecido pela história, foi sob o comando de Sara, cujo nome significa "princesa", e com quem Abraão era casado, que esse povo partiu da Mesopotâmia para se unir com o único outro grupo de mensageiros que eles sabiam que ainda existia. Esse outro grupo vivia em Canaã sob a chefia de um homem chamado Melquisedeque. A reunião dos dois grupos foi um momento de grande alegria. Cada um deles deu ao outro uma renovada convicção da sua origem e do seu destino. E foi a partir dessa reunião de clãs que começou a história desse povo tal como vocês a conhecem; foi aí, também, que o clã da Mesopotâmia adotou uma nova língua, que vocês chamam de hebreu.

As escrituras ocidentais – em hebraico, grego e árabe – são, em grande medida, obra dos descendentes dos mensageiros. Assim como Sara, Abraão, Moisés e Jesus eram herdeiros genéticos das pessoas presentes em Inathid, Maomé também o era. Cada um deles, à sua maneira, deu continuidade a uma parte da história espiritual coletiva da civilização ocidental. Nem tudo nessas escrituras é verdadeiro, mas o núcleo de verdade que existe em cada uma delas constitui uma parte essencial da vida de vocês.

Grande parte do que nelas se lê só foi escrito centenas, talvez milhares de anos depois de ter sido dito. Os escribas e profetas que registraram as Escrituras tinham perdido a pureza de memória que caracterizava os seus ancestrais, e grande parte do material ainda foi adulterado, mais tarde, para não destoar dos hábitos culturais de diferentes lugares e diferentes épocas. Assim, por exemplo, a história de Sara foi obscurecida, atribuída ao seu marido pelos historiadores posteriores. A história de Adão e Eva e do Jardim do Éden também foi transformada numa versão simplificada de uma saga muito mais longa, que incluía referências a Inathid e à terra do Ocidente. De fato, a verdadeira história das tribos mensageiras foi completamente esquecida – no nível consciente. As viagens delas ao redor do Grande Mar, do Mediterrâneo, e a maneira pela qual finalmente chegaram à Mesopotâmia, foram todas esquecidas. Mas quando os descendentes desses povos voltaram à Espanha, milhares de anos mais tarde, o inconsciente deles lembrou da sua história primitiva, e essa lembrança floresceu na sabedoria cabalista lá preservada. E eles construíram uma cultura rica e diversificada que ainda é chamada de Idade de Ouro na Espanha, e que representa um ponto alto da civilização de vocês, judeus, cristãos ou muçulmanos – sendo cada um desses um dos ramos da árvore da civilização ocidental.

A história dos judeus, suas perambulações, suas lutas e seu propósito, remontam todos à aliança estabelecida em Inathid. Os fundadores das tradições cristã e islâmica também estavam relacionados com as tribos mensageiras. A história se esqueceu da mulher Devorah, irmã mais velha da avó de Jesus, Ana, e primeira professora dele, que lhe transmitiu a sabedoria dos mensageiros. Esqueceu-se também das escolas fundadas por seus discípulos, Lázaro, Maria de Magdala, Marta e João, o discípulo amado; a linhagem deste último se prolongou em segredo até este século, quando o último seguidor direto morreu na França; essa linhagem teve como discípulos Leonardo da Vinci, Galileu e Copérnico. De mesma maneira, a história se esqueceu completamente de Khidr, mestre de Maomé, tio de sua mulher, e outro dos portadores da sabedoria dos mensageiros. A respeito dele, sobraram apenas histórias muito obscuras, guardadas quase em segredo pelos grandes mestres sufi, que transmitiram com a máxima pureza as mensagens simples do passado.

A aliança das tribos mensageiras está profundamente arraigada à estrutura genética de vocês. Todos os judeus carregam essa história, escolhida por suas almas antes do nascimento; ela satisfaz um aspecto da natureza essencial deles, como buscadores, nômades, recordadores. É verdade que houve dor e sofrimento. Porém, junto com o sofrimento, houve também alegria; e, por trás da alegria, uma noção contínua da finalidade comum a toda a civilização humana.

Não só os judeus, mas todos vocês, contêm na sua estrutura genética os dados da primeira tribo mensageira. Pois os povos mensageiros casaram-se entre si em todo o planeta, e todos vocês carregam a obra deles dentro de si, mesmo que a memória consciente desse fato tenha se perdido. Desse modo, ao fim de uma era que começou com o recuo do gelo, é hora de as mensagens guardadas pelas tribos mensageiras virem à tona e serem novamente lembradas. E qual é o núcleo dessas mensagens? Que todos nós viemos de Deus e nunca estivemos separados Dele. A história da criação é um lembrete disso, como também o foi a mensagem de Jesus, que nos ensinou que *cada pessoa é um filho de Deus*, que *todos nós somos um único povo*. A história de Adão e Eva é um lembrete disso. Este que lhe dita essas palavras pertencia à tribo mensageira, estava presente em Inathid e ainda leva essa aliança consigo. Você, que tomou o ditado, também é um descendente da tribo mensageira. E quanto àqueles que estão lendo essas palavras agora? Do que vocês se lembram? Do que vocês se lembram e que a todos pertence?

5

Uma Assembléia de Santos Desconhecidos

Iluminação é o nome que se dá à aquisição de um certo nível de consciência encarnada, quando uma alma se manifesta plenamente no mundo físico. No passado, eram poucos os indivíduos que, em cada geração, realizavam esse estado. Porém, na época atual da nossa história, todos nós já vivemos muitas vidas, aprendemos e crescemos de muitas maneiras diferentes, e temos acesso à obra das tribos mensageiras e dos mestres de todas as eras e de todas as partes do planeta. Agora, a realização da sensitividade encarnada é possível para cada um de nós.

Quando pensamos a respeito dos mestres iluminados do passado, às vezes só nos lembramos do Cristo ou do Buda. Porém, há muitos Cristos e muitos Budas. Alguns ainda são venerados em distantes rincões do mundo, alguns foram esquecidos com o tempo, e outros ainda tiveram as suas histórias deliberadamente adulteradas por aqueles que, sucedendo-os, não aderiram à sua visão da plenitude.

A promessa dos mestres despertos – de continuar a comunicar sua sabedoria até que todos os seres sensitivos se iluminem – pode se realizar quer mediante sucessivos retornos à Terra, quer a partir do mundo incorpóreo. Os santos apresentados neste capítulo são todos eles seres que decidiram cumprir essa promessa como mestres incorpóreos, como instrutores e conselheiros da Universidade da Terra.

As informações a respeito desses santos esquecidos me foram transmitidas no verão de 1982 por Tayarti, outro dos meus mestres desencarnados, que viveu sua última vida terrestre no fim da última Era Glacial. Ao longo dos anos, eu fui fazendo contato com todos os santos deste capítulo; senti o conforto da presença deles e coloquei no papel alguma coisa do que eles me ensinaram.

Embora a forma dos ensinamentos varie, há uma concepção com a qual todos esses sábios desconhecidos concordam: todos eles dizem que o nosso corpo é santo, que a Terra é santa, e que o caminho para transformar a vida neste planeta passa pela lembrança desse fato e pela disposição de viver de acordo com essa lembrança.

A iluminação não é algo a ser alcançado; é algo que está conosco o tempo todo. Quando você ler as palavras aqui transcritas, vá sentindo a sabedoria e a santidade do seu corpo e do mundo. Abra-se a esses santos desconhecidos e deixe que a sabedoria deles lhe espelhe de volta a sua luz inata, a clara orientação que existe dentro de você. Sinta essa orientação, siga-a e comporte-se no mundo de maneira a irradiá-la de volta a cada pessoa que você vir, às árvores, aos animais, ao céu, à água, ao ar e ao próprio planeta Terra.

* * *

AKKUB viveu no século 12 da nossa era entre os ancestrais do povo ashanti. Quando seu marido e seus filhos foram assassinados num conflito com uma tribo vizinha, Akkub escondeu-se por três anos e sentiu toda a aflição da África em sua alma, aflição passada e futura, como mulher e mãe solitária.

Numa cabana que construiu sozinha, vivendo dos alimentos que coletava sozinha, Akkub passava sozinha o seu tempo, orando e meditando. No começo, sua oração era um grito de raiva, vingança e sofrimento. Mas nenhum dos ancestrais ou deuses tribais lhe respondeu. Por isso, ela se voltou para um poder maior e fez a promessa de não abandonar seu retiro até receber uma resposta ou até morrer, o que lhe acontecesse primeiro. Passou a ver a si mesma como parte de um jogo grande demais para ter regras fixas. Em sua espera, à medida que ela se abria, a iluminação lhe veio rápida e ágil, como um pássaro em vôo.

Dessa experiência nasceu o seu ensinamento. E a sua força estava na simplicidade das suas palavras. Pois era esta a sua mensagem: que a vida é um fluxo que podemos acompanhar ou contrariar. O melhor é acompanhá-lo, e para tanto é preciso conhecer a cada momento o fluxo das marés e das correntes. É preciso estar à escuta, atento o tempo todo, como se escuta e se observa o vento. E por isso é que devemos regrar a nossa vida. Não para reprimir, mas para infundir em tudo simplicidade e ordem, de modo a facilitar essa escuta.

Akkub, dentre os sábios que o mundo esqueceu, é uma das maiores. Durante a vida, nos anos que se seguiram à sua iluminação, ela perambulava de aldeia em aldeia para ensinar o que havia aprendido. Só as guerras feitas pelos seus descendentes e a destruição e o caos das invasões européias puseram fim à memória da sua obra. Não obstante, como sempre acontece, depois da sua morte Akkub permaneceu no mundo espiritual, prestativa, presente a todos os que chamassem por ela em busca amorosa de um entendimento maior.

Algumas palavras de Akkub

Isto eu descobri... Há um espírito que permeia tudo, como a luz dentro de um quarto; um Espírito que não pode ser tocado. Como a água num tanque, é inseparável do mundo para as criaturas dessa água. No entanto, esse Espírito é aquilo do qual todas as outras coisas – a luz, a água – nascem. Digo nascem, mas não da maneira como a farinha nasce do grão. O mundo nasce desse Espírito como a dança nasce do dançarino, uma e a mesma, uma expressão do Um e não uma modificação dele.

Vi uma criança, e ela estava brincando no colo da mãe. E vi o olhar de pureza nos seus olhos. E eu percebi que ela poderia abandonar para sempre esse olhar, para ir viver no mundo. E eu quis dizer a essa criança: "Filha, não abandone jamais o olhar forte e suave que está no seu olho." Mas a criança não entendeu o que eu falei.

Uma vez eu me vi como semelhante a essa criança, mas não fui capaz de voltar para aquele sentimento. E disse de mim para mim: "Akkub, talvez o caminho daquela criança seja o caminho correto." Porém, mais tarde eu pensei que se aquele fosse o caminho correto ninguém seria infeliz."

Isto eu descobri... Há uma maneira de ser no mundo que facilita as coisas. Os velhos mestres falam sobre isso e dizem que o caminho é o da obediência aos deuses. Mas eu descobri que há outro caminho, um caminho simples. E é isso que eu gostaria de dizer a vocês. Pois eu sofri muito para encontrá-lo por mim mesma. E agora eu o dou de presente, como uma grande árvore dá suas flores aos cabelos de uma amante.

Isto eu descobri... Nas noites em que eu me sentava sozinha na minha escuridão, ouvindo o vento tremular através das árvores ao redor da minha cabana: que há uma quietude no mundo e uma quietude dentro de mim. E as duas quietudes diferentes são a mesma; que se eu entro na quietude dentro de mim, e então me abro à quietude maior lá fora, eu encontro na quietude um poder sem nome. E nesse poder sem nome, silencioso, eu encontro aquilo que estava faltando em mim mesma.

Isto eu descobri... Que muitos vêm a conhecer essa quietude e a seguram, e permanecem dentro dela. Mas eu descobri que para viver como o Sem Nome nos manda viver, precisamos encontrar essa quietude repetidas vezes, e sair dela, sair para o mundo repetidas vezes.

Eu poderia viver numa cabana ou numa caverna, mas a vida do espírito se vive no mundo das pessoas. Desse modo, deve-se ingressar na quietude, mas em seguida voltar novamente para o mundo.

Isto eu descobri... Que a quietude cura. Que a entrada na quietude cura. Que a própria viagem em direção à quietude cura, mesmo que ela não seja encontrada de imediato. Que, com freqüência, basta procurar. Que às vezes, especialmente com o Espírito, o procurar e o encontrar são a mesma coisa.

Isto eu posso dizer... ninguém precisa sofrer, mas o sofrimento é um grande mestre. No sofrimento vim a encontrar e a amar os que sofriam como eu. E no encontro e no amor, o sofrimento se dissipou. Alguns diriam para desistir do amor, para desistir do encontro. Mas eu digo, tudo é do Espírito. E no encontro e no amar, o Espírito está apenas encontrando e amando a si mesmo novamente.

Aprendi... Que o caminho do encontro é lento, mas o caminho de descoberta da quietude também é lento. Porém, quando abrimos caminho através das árvores nós encontramos o que precisamos encontrar. Quando pequenos encontramos coisas pequenas; quando maiores, coisas maiores. Encontramos o que precisamos encontrar, quer elas nos sejam agradáveis, quer não.

Isto eu sei... Que, quando o tambor toca e os dançarinos dançam, quando o ritmo toma conta e leva a pessoa cada vez mais fundo no Espírito, o mundo se abre e nós conhecemos o lugar que ocupamos nele. Mas é preciso segurar firme esse conhecimento e levá-lo de volta conosco para aplicá-lo de manhã. Pois, assim como o êxtase cósmico da escuridão nos braços de um bem-amado é negro, profundo, e se desvanece num momento, assim também é a memória do lugar no meio da dança. Um súbita rajada de inteligência no poço do corpo de carne. Um banho e uma abertura. Vindo como uma enchente, num momento. E então se vai novamente. Conhecimento dado de graça, mas difícil de segurar – isto, para todos exceto aqueles que entram na quietude. Estes, com as mãos vazias, têm força para levar consigo as dádivas de conhecimento que o Espírito sempre dá. Pois não é que o Espírito não dê; não. O Espírito sempre dá. Somos nós que não sabemos como levar embora conosco aquilo que é dado.

Eu digo... Que aquilo que certa vez aprendi quando estava na carne não é diferente do que aprendi quando estava entre os mortos. Que se deve sempre entrar na quietude e em seguida dançar para fora novamente. Que a dança dos vivos e a dança dos que se chamam mortos não é a mesma. Mas a quietude é. A quietude é sempre a mesma. Ela liga todos os mundos. E se você conhecê-la na carne, vai reconhecê-la quando a carne se for. Vai saber que se trata da mesma coisa, familiar, amistosa.

Quero falar... A respeito da maneira como nós, espíritos, esperamos. Fora do corpo, e não obstante mais perto dos vivos do que os próprios vivos. Esperando para falar, esperando para ouvir. Presentes em grande número. Todos nós presentes e dispostos à comunhão.

No passado, os vivos e os mortos se reuniam para conversar. Então, todos os aspectos da humanidade estavam amarrados e ligados uns aos outros, como um feixe de gravetos amarrado com correias. No entanto, sem escutar os espíritos, não há união. Pois são nossas as vozes que vêm para ensinar na quietude. Ensinar o que vemos e o que aprendemos.

Quero dizer... Como é belo o Espírito, belo como a manhã. Como noite de estrelas e momento de repouso. Quando o cinza, entre o azul e o negro, faz a sua dança curta e breve. E nós também somos como o cinza: entre dois mundos. Entre o azul e o negro, entre a luz trêmula e a escuridão. Porém, tão belos. Como alento e suspiro de amante para amiga. Um tambor. Vindo para se encontrar comigo na dança, uma compreensão.

Para alguns tenho sido uma amiga. Para outros, uma adversária. Mas tenho sido sempre Akkub, tenho sido sempre eu mesma, sabendo que amiga e adversária são a mesma coisa. Que são os dois aspectos da minha essência. Pois todos estamos aqui para ser mestres uns dos outros, e ensinamos de muitas maneiras diferentes. É só quando nos esquecemos disso que ferimos uns aos outros. É só quando nos esquecemos disso que o sofrimento transforma-se em dor.

Eu digo... Venho para falar. Venho como compaixão. Neste encontro, tenho muito a ganhar, em contato e em lembrança. Por isso venho em amor, e vou da mesma maneira. Pois o amor é a quietude e o amor é a dança. O amor é o Espírito e é o Sem Nome. Por isso venho e vou, e também danço. Nunca muito perto, mas nunca distante; como você gira na dança, descobrindo as respostas que o Espírito oferece tão livremente quando aprendemos a levá-las conosco.

NINIHWAH viveu no Norte, na Sibéria, dois séculos antes do nascimento de Jesus. Ela foi abandonada pela família para morrer depois que uma doença terrível infectou-lhe o corpo, cobrindo a sua pele de furúnculos que lhe devoravam a carne. Então eles a deixaram sozinha, numa tenda de couro, para morrer. Mas, em vez disso, ela compreendeu a própria natureza da sua doença, que se fundava no ódio que ela sentira pelo fato de o seu marido ter tomado uma segunda esposa. Entendendo sua raiva, ela entendeu a raiva do mundo, e o medo da morte iminente se dissipou; e ela ficou contente em morrer. Nesse contentamento, foi curada da sua doença e despertou para a percepção da totalidade cósmica.

Quando a família voltou ao local, um ano mais tarde, para buscar seus restos mortais e executar os ritos adequados, encontraram uma mulher vigorosa, muito viva. Afirmaram que era um milagre; ela afirmou que era uma questão de bom senso. Então começou a ensinar, abandonando o marido e a família para perambular e curar. O que ela ensinou a respeito da iluminação sobreviveu nas tradições orais do seu povo durante séculos.

O fundamento da sua mensagem era o seguinte: "Não faça nenhum movimento que não provenha do coração. Não pense em qualquer coisa que não venha da Unicidade." E a presença atual de Ninihwah está especialmente relacionada com a cura.

Algumas palavras de Ninihwah

As pessoas pensam que o trabalho é difícil. Mas é simples. Tão simples que ninguém o capta. As pessoas pensam que é preciso sacrifício. Mas os deuses não querem sacrifícios. Eles não precisam que alguém lhes diga quão poderosos eles são. Há somente uma disciplina e somente um ritual necessário, tão simples que só os mais antigos dentre nós se lembram dele.

Feche os olhos por um momento. Ponha as mãos sobre o coração. Sinta o bater do seu coração e bata junto com ele. Sinta o bater do seu coração e saiba que esse mesmíssimo batimento está batendo nos corações de todas as pessoas que você vê, de todas as pessoas que você não vê. Saiba que esse mesmíssimo batimento está batendo nos corações de todos os seres humanos, de todos os animais, batendo até mesmo no coração do próprio mundo.

Faça isso ao acordar de manhã. Faça isso antes de cair no mundo do sono. Faça-o quando estiver feliz e quando estiver triste. Faça-o quando estiver amando e quando estiver odiando. Pare e ponha as mãos sobre o coração, e saiba que o batimento que você está sentindo é o mesmo que está batendo no coração do ser que você odeia. Faça isso ao se sentar junto à água. Faça isso por um momento quando você se sentar debaixo de uma árvore para enxugar o suor da testa num dia de muito trabalho. Faça isso quando não estiver trabalhando. Faça-o quando estiver perdido e apavorado. Sinta o batimento e bata junto com ele. Essa é a única prática que os deuses querem da humanidade. Pois quando você fizer isso, tudo o mais encontrará seu lugar.

Peguem as mãos dos bebezinhos e coloquem-nas sobre o coração deles. Essa prática, mais o amor em suas mãos quando vocês os pegarem no colo, é todo o ensinamento de que os bebês necessitam. Aprendi isso no frio quando fui abandonada para morrer, quando eu quis morrer. Coloquei as mãos sobre o meu coração e encontrei nele a vida. Bati com meu coração e renasci.

As pessoas pensam que o que importa é a crença delas. Mas os deuses não pertencem a uma religião específica. Ou melhor, pertencem somente a uma religião – a religião do coração. Tudo é um no coração. O trabalho é simples assim. Tudo é um no coração, e todos os corações são um – os corações dos seres humanos, dos planetas, das estrelas, dos deuses e do Um que criou todas as coisas. Se há necessidade de cura, essa é a única cura que existe. Se há necessidade de equilíbrio, no corpo e no mundo, esse é o único ato de equilíbrio que existe. Certa vez, fui abandonada para morrer, e em vez disso encontrei a vida eterna. Pois até mesmo os mortos têm um coração, um coração que nunca pára de bater. E esse é o único movimento que existe: a batida de tambor do coração da Unicidade, batendo através de toda a criação.

✸

CHIRAC viveu entre os olmecas, no México, antes da chegada dos espanhóis. Sozinho, ele viajou de sua terra natal até uma península de onde se podia contemplar do alto o mar, o Oceano Atlântico. Na grande busca do deus que está além dos deuses, ele estava disposto a empenhar toda a vida. Porém, a solidão e a necessidade de sobrevivência – esses elementos básicos de uma vida simples – o aprofundaram tão bem que a abertura lhe veio num lapso de dois anos.

Quando voltou à sua terra natal, estava tão mudado na mente e no corpo que não podia haver dúvidas a respeito da verdade do que ele tinha compreendido. O que ele ensinou foi lembrado até os dias que se seguiram à chegada dos espanhóis. Embora grande parte desse ensinamento tenha se perdido, lendas a respeito da vida de Chirac permanecem em meio ao povo antigo. Eles falam de um homem em quem o amor do mundo inteiro estava unificado; um homem que levava o sol, a lua e os planetas dentro de si; que reuniu discípulos ao seu redor a fim de ensinar-lhes o mistério da Causa que reside dentro de nós; que morreu muito idoso, cercado por netos e bisnetos. Um homem que nunca deixou de amar a simplicidade da vida: um copo de água fria num dia quente, um lindo pôr-do-sol. Tudo isso em ressonância com a totalidade, fios ocultos que o ligavam à Fonte.

Algumas palavras de Chirac

Ultimamente, parece-me que o mundo está mudando. O tempo está mudando, pois a Terra está girando ao redor do sol um pouquinho mais depressa. Nessa corrida, é difícil controlar tudo. Por isso eu digo: desistam de controlar a vida e comecem a dançar.

Em minhas perambulações, houve épocas em que eu me enchia de desespero. O caminho do ser humano é um caminho difícil, especialmente num mundo que está sempre um pouquinho descontrolado. As pessoas pensam que os santos sempre têm perfeito domínio sobre os seus pensamentos e sentimentos. Isto não é verdade. Só quem se torna rígido pode ter esse domínio, e isso até o momento em que tropeça e cai. Os verdadeiros santos dançam. Eles se abaixam, se inclinam e giram, entrando e saindo de todas as alegrias e tristezas que a Terra dá aos seus filhos.

Sentados numa pedra, fiquem em silêncio e tentem sentir a Terra girando debaixo de vocês. As pessoas pensam que os antigos não sabiam que o mundo era uma esfera. Mas qualquer um que se senta pode sentir que ela gira: gira ao redor do sol, e a lua gira ao redor dela. E como poderia haver estabilidade no meio dessa dança? Isso é impossível.

Os animais sabem disso. Eles mudam com as estações. As pessoas sabiam disso e estão conhecendo isso novamente. O mundo do poder, da força bruta, não quer que vocês saibam disso. Ele quer que vocês trabalhem e façam coisas de que ninguém precisa, e ofereçam serviços que não servem a ninguém. Mas quando vocês aceitam mudar, mudar com o balanço da Terra e com as estações, então vocês começam a fazer parte de uma harmonia maior, uma harmonia formada por muitos ritmos.

Na primeira vez em que eu vi o mar, pensei comigo mesmo: "Como ele é grande!" E na primeira vez que eu realmente vi as estrelas, rodopiando e girando, percebi que o mar era muito pequeno. E, no entanto, o mar que arrebentava aos meus pés é um espelho do mar de nuvens celestiais que fizeram as estrelas. E o giro dentro de mim não é o mesmo giro do eixo do próprio universo?

Conhecer o um e conhecer o múltiplo, saber que o Um e o múltiplo são o mesmo – foi daí que veio o meu ensinamento. Veio de um conhecimento que impregnou todas as minhas células, e não apenas a minha cabeça. Veio de um conhecimento que tomou todo o meu corpo; e, quando o meu corpo conteve todo esse conhecimento, então eu, a alma que eu sou, eu também o conheci, e conheci pelo fato de estar vivendo em um corpo.

O corpo é o livro no qual todos nós lemos Deus. O corpo é o ensinamento. Espíritos alados pairam ao nosso redor – pois aprendem com o nosso corpo. Os seres emplumados são um ponto imóvel em Deus, e nós somos o giro ao redor do grande eixo do mundo. Girem, girem com o mundo. É para ser isso que Deus nos fez.

Certa vez, sentei-me com meus alunos. Eles queriam ouvir palavras de sabedoria. Tudo o que eu lhes soube dizer foi isto. Quando vocês acordarem, a cada dia, toquem todo o seu corpo, da cabeça aos pés. Façam isso ao acordar e façam-no antes de adormecer. Esfreguem o corpo, massageiem-no. Se não forem capazes de tocá-lo inteiro, toquem-no o máximo possível. Toquem-se como se fosse o seu mais perfeito amante. Vocês mesmos são o que estiveram procurando durante todo esse tempo. Vocês são a porta que dá para o Bem-Amado. Vocês são a única entrada do templo.

A maioria dos meus alunos não queria ouvir isso. Eles não o compreendiam. Mas isso foi há muito tempo. O mundo está mudando. O mundo mudou. Ele muda de maneira lenta e sutil, mas o mundo em que vocês estão vivendo não é o mesmo mundo no qual eu caminhei pela última vez. O ar está envenenado, a água está envenenada, a própria Terra está dilacerada e maculada. Mas as almas de vocês, meus amigos, as almas de vocês – quão sábias elas se tornaram.

E a Terra pode ser curada. O ar pode ser curado, a água pode ser curada, desde que vocês, em número cada vez maior, se abram para viver de fato como corpos neste mundo. Não pode haver mais nenhuma separação entre a matéria e o espírito, entre a alma e o corpo que ela cria para si mesma. A matéria não é menos do que o espírito. É espírito compactado, espírito adensado. Portanto, toquem o seu corpo todos os dias. Falem com todas as suas células. Regozijem-se com a dádiva da vida. Dancem. Dancem todos os dias. Isso curará tudo.

DIHH-ANEH viveu numa região do mundo que hoje está coberta pela água, e que se estendia a partir de Madagáscar. A iluminação dele aconteceu nos primórdios da história da humanidade. Como uma nota isolada de tambor, ela ecoou nas mentes de todos os homens e serviu como catalisadora para o restante da espécie humana, vibrando uma nota de amor, de unicidade, de ascensão e irradiação nascidas da comunicação direta com o Espírito. A visão que ele teve milhares de anos atrás ainda não se realizou: uma visão que transcende a dualidade e só existe na plenitude.

Dihh-Aneh é um guardião da nossa orientação futura e, do mesmo modo, permanece de pé nos portais do nosso passado. Sua simplicidade e seus ensinamentos não-verbais, um reflexo da era em que viveu, têm, não obstante, grande validade para nós atualmente, nesta época em que muito se fala e pouco se diz. Do que ele ensinou por meio dos seus movimentos, podemos tirar proveito em nossa época. Com simplicidade, fluidez e naturalidade.

Algumas palavras de Dihh-Aneh

Lave a porta da frente.
Escancare com força as janelas
Saia para uma longa caminhada – e olhe para Tudo.

Quando comer, saboreie o pó onde o seu alimento cresceu
Quando se sentar na privada, reze.

Se você despertar, seja grato.
Se não despertar, voe.
E pise forte rumo ao futuro.
Se caminhar sobre formigas – elas fugirão na hora.

✷

IR-DA-KAH viveu no norte da Islândia, em meio ao primeiro povo que descobriu essa terra. Era apenas uma criança quando atingiu a iluminação, uma criança de nove anos. Como morreu somente dois anos depois, sua maestria neste plano foi breve. Porém, em sua sabedoria, ele encontrou a Unicidade. E a doença que o levou da vida física o introduziu numa vida espiritual que ainda prossegue, e que ele dedica a ensinar. Pois com a iluminação vem o anseio de comunicá-la, partilhá-la com todas as criaturas vivas. E esse anseio faz de todos os seres iluminados, mulheres, homens e crianças, nossos guias e companheiros.

Ir-da-kah atingiu uma consciência excepcional, mas a percepção que teve com a idade de nove anos é a mesma que qualquer um de nós pode ter em qualquer época da vida. Pois nós nascemos da Unicidade e a Ela retornamos. E a única coisa que nos impede de ser plenamente cientes da Unicidade o tempo todo somos nós mesmos.

Ir-da-kah é, com freqüência, o amigo "imaginário" de criancinhas dotadas de um talento espiritual, especialmente daquelas que parecem não se relacionar bem com os colegas.

Algumas palavras de Ir-da-kah

No passado, todas as pessoas do mundo ouviam aqueles dentre nós que só têm corpos de luz. Agora, somente as crianças os ouvem. E por volta dos sete anos de idade, a porta que separa o nosso mundo do mundo de vocês se fecha firmemente. Portanto, falo com cada um que posso. Falo com eles enquanto estão flutuando no corpo de suas mães. E não sou o único. Centenas, milhares de espíritos estão falando – falando enquanto as pessoas ainda ouvem. E se vocês ouvem, se ouvem agora, quem falará com vocês de algum outro lugar? Quem caminhará com vocês? Quem sonhará com vocês e tentará contactá-los no meio do sonho? O sonho é o único lugar no qual as pessoas ainda nos deixam entrar.

Houve época em que os vivos e os mortos estavam sempre conversando. Espero que essa época volte. Os vivos e os mortos são as duas mãos da humanidade. Juntos, poderíamos fazer coisas maravilhosas. Eu gosto de fazer coisas, gosto de realizar sonhos. Eu poderia ter voltado e recebido um novo corpo, mas muitas outras pessoas queriam um corpo. Eu, de minha parte, já tinha desfrutado do corpo o suficiente e não precisava de outro. Mas ainda sou um ser humano, ainda sou parte da grande família viva de todos os seres humanos. Ainda tenho coisas a dizer, e se vocês se sentarem tranqüilamente e falarem comigo, eu também falarei com vocês. Eu ou algum dos meus amigos, que são milhares.

A maioria dos adultos não brinca. Quando foi a última vez que você brincou? Você brincou hoje? Se você amolecer por dentro e voltar a brincar, todo o seu mundo mudará. Tudo ficará mais leve – seu corpo, seu trabalho, seus sentimentos. Dez minutos por dia de brincadeira realmente poderiam mudar o mundo. Sei disso, tenho a mais absoluta certeza. Sei que existem outros planetas onde pessoas iguaizinhas a vocês ainda se lembram de como brincar, mesmo depois de crescer. Elas brincam sozinhas e brincam juntas. Brincam com os amigos, amigos que vocês não podem ver com esses seus olhos que vêem a luz do sol. Elas passam um bom tempo brincando, e vocês também poderiam passar. Será que você se lembra de alguma brincadeira para brincar sozinho? É capaz de brincar com o mesmo sentimento de diversão que costumava sentir quando era pequeno? Se você for capaz de fazer isso, todo o seu mundo mudará. Se todo o seu mundo mudar, o mundo de todos os outros mudará também. Para melhor; talvez até mesmo para o melhor possível.

✳

WANNAKAH foi uma índia norte-americana que viveu nas planícies do leste no século 13 da era ocidental. Todos os membros da sua família eram curadores e xamãs, mas foi na busca de um sentido ainda mais profundo e mais amplo que ela passou a se dedicar, todo ano, a um retiro de um mês no verão, época em que os filhos e a família não precisavam tanto dela. Com esses retiros anuais, ao cabo de treze anos ela atingiu a iluminação completa.

Se não tivesse havido invasões espanholas, migrações e outros distúrbios, Wannakah hoje poderia ser conhecida como o Buda do mundo ocidental. Ao contrário, ela nos consola em silêncio, em sonhos, desconhecida do povo. Conhecida, porém, pela sua compaixão, pois no seu retiro ela encontrou a Unicidade: a Unicidade de toda a vida e de todas as pessoas.

Na dança, em histórias e canções, ela deu a conhecer a sua mensagem ao povo. Ensinou um método de autopercepção que começava com a concentração na região do corpo que fica logo abaixo e por trás do umbigo. Na dança e no trabalho, ela ensinava que quando todo movimento começa nesse lugar, a vida se vive de maneira centrada. Dizia ainda que, a partir desse centro, a pessoa se abre para a consciência do cosmos. Como um indivíduo único, que, não obstante, está ligado com todos os outros indivíduos, passados e presentes.

Ensinava ela que era necessário preferir a simplicidade em tudo. Ensinava aos seus discípulos uma maneira simples de expressar sua gratidão pelo Grande Acontecimento Misterioso – fechando os olhos, respirando profundamente e soltando o ar com um suspiro de contentamento vindo do centro. Esse *ahhh*, dizia ela, viaja mais longe do que palavras de ação de graças, pois provém da totalidade da pessoa.

Seus ensinamentos já eram controvertidos na época em que viveu, pois ela se dispunha a ensinar a qualquer pessoa, de qualquer tribo. Mas a sua compaixão era uma presença tão tangível que ninguém conseguia deixar de se comover diante dela e de ser curado de doenças e males os mais insuspeitados.

Quando já era extremamente idosa, vivia sozinha num abrigo, sentada no vão da porta de entrada, e recebia pessoas vindas de outros lugares. Curava com o toque. Mas as suas palavras, as suas histórias, eram fortes. E depois da morte, ela continua sendo uma forte terapeuta, uma poderosa mestra. Wannakah, uma avó do Centro. Wannakah. Invocá-la é buscar a união.

Algumas palavras de Wannakah

Eu vim, e agora venho novamente. Caminho em silêncio, caminho cantando. Caminho na dor e na beleza. Com os pés tocando levemente o solo, caminho por todos os caminhos da Terra.

Venham caminhar comigo. Venham caminhar comigo por todos os caminhos da Terra. Veado, coruja, bisão, cascavel – vejam como eles caminham comigo, vejam como eu caminho com eles.

Lembrem-se dos velhos caminhos. Lembrem-se de caminhos tão velhos que vêm das estrelas. Lembrem-se dos mundos onde todos caminhavam em harmonia. Lembrem-se dos mundos onde tudo era beleza.

Sintam o centro no seu corpo, o centro da Terra. Sintam a existência de tendões irradiando-se a partir desse ponto, ligando a esse centro as mãos, os pés e o topo da cabeça. Quando vocês se sentarem ou se curvarem, andarem ou nadarem, sintam-se como uma estrela, cujas extremidades estão ligadas a esse centro. Fechem os olhos e sintam esse fato. Quando vocês se movimentarem pelo mundo, sintam isso.

Quando se movimentam no mundo dessa maneira, vocês se ligam às estrelas do céu. Quando vocês se movimentam no mundo dessa maneira, céu e Terra se ligam.

Os animais nunca perdem os seus sentidos-estelares. Também os seres humanos não perderam os seus, apenas se esqueceram deles por algum tempo. Voltem. É hora de voltar novamente. Voltem para a luz das estrelas de onde vem a vida.

Agora, respirem. Respirem para dentro do seu centro. Respirem para dentro e para fora. Isso é o sopro da vida. Quão amiúde vocês se lembram desse fato? Respirar para dentro do seu centro, respirar para fora. Respirar a Terra e as estrelas para dentro do seu corpo e depois deixar que elas o respirem. Entregar-se à sua respiração e deixar que vocês mesmos sejam respirados. Quão amiúde vocês se lembram de fazer isso? Quando vocês acordarem, quando vocês caminharem, quando vocês voltarem de novo a dormir, parem por um momento e unam-se com a respiração.

Eu canto o sopro da vida. Sempre que eu dei um presente, foi esse o presente que eu dei – a canção do sopro da vida. Como um pássaro a cantar, aproximo-me de vocês com esse ensinamento. Para dentro do centro, a canção do centro, a canção de toda a vida.

Hoje, estou caminhando pelo rio de estrelas. Estou caminhando e cantando a canção da Terra. Da Terra, a jóia perfeita. Cintilante. Vejam como a Terra cintila. Vejam como vocês são parte dessa luz. Inspirem a luz. Inspirem toda a luz que existe. Fogo, madeira, pedra e ervas – juntos fazem um cachimbo. Inspirando a luz das estrelas e da Terra, vocês farão do seu corpo um cachimbo.

No passado, meu povo vivia em harmonia com a Terra e com as estrelas. Agora vocês estão se lembrando de como viver em harmonia com tudo o que existe. Caminhem em harmonia. Cantem em harmonia. Cantem a canção da vida. Caminhem em harmonia. Cantem em harmonia. Esse é o sopro da vida.

Caminhem agora comigo nos caminhos da alegria. Caminhem agora comigo nos caminhos da Terra. Respirem agora comigo nos caminhos das estrelas. Todos os caminhos são um só caminho. Até mesmo o Criador respira, inalando e exalando universos inteiros.

No passado eu caminhei pela Terra e agora caminho pelas estrelas. No passado eu respirei o ar da Terra e agora respiro o ar das estrelas. Caminhem comigo. Respirem comigo. Façam do seu corpo um cachimbo e respirem comigo. Cachimbos que andam. Cachimbos que cantam. Cachimbos da paz. Santos.

✵

AH-HI-NA-AE viveu no século 16 da nossa era, nas Ilhas Marshall. Todas as suas ancestrais tinham sido sacerdotisas do fogo, e o despertar lhe veio durante o serviço à deusa do fogo. Sua visão foi pura e transcendente. Ela viu o deus-mundo como o reflexo mais simples da Unicidade absoluta sem forma, onde o fogo e o mar estão unidos numa harmonia que preexiste à dualidade e que, não obstante, ainda está presente. Servindo à deusa do fogo, ela descobriu como ir além dos deuses. O caminho dela foi um caminho de quietude e de espera. E o que ela ensinava era uma maneira de conviver com a espera, lembrando-se constantemente da Unicidade de todas as coisas até a iluminação chegar.

Algumas palavras de Ah-hi-na-ae

Ergo as minhas mãos com alegria. Erga as suas mãos. Seja grato pela sua existência. Do Nada o Criador fez a vida. Seja grato pela vida. É uma dádiva.

Ergo a minha voz com alegria. Erga a sua voz. Seja grato pela sua existência. Do Nada o Criador fez os mundos. Seja grato pelo seu mundo. É uma dádiva.

Ergo o meu espírito com alegria. Erga o seu espírito. Seja grato pela sua existência. Do Nada o Criador fez a consciência. Seja grato pela consciência. É uma dádiva.

Ergo a minha alma com alegria. Erga a sua alma. Seja grato pela alegria que mantém juntas todas as coisas. Do Nada o Criador fez a alegria. Do Nada o Criador fez a alegria que mantém juntos todos os universos. Sinta a alegria, que une até mesmo as suas tristezas. Erga a sua alma e saiba que ela é feita de alegria. Seja grato pela alegria, mesmo quando você não a vir. É uma dádiva. É uma dádiva. É uma dádiva.

NARAZ foi um poeta que viveu numa tribo seminômade na área do Lago Van, no século 15. Para fazer música, ele entrava em transe. E, do estado de transe nasceu uma série de ciclos de canções que falavam a respeito das etapas do despertar.

Andarilho, tendo-se imposto um voto de pobreza e de castidade, ele não se cercou de seguidores. Cantava para quem se dispusesse a escutá-lo. E aceitava como pagamento o simples prazer da sua dádiva de lucidez.

Durante a sua vida, suas canções foram lembradas. Cem anos mais tarde, todas já tinham sido esquecidas. Ele cantava a respeito de como a dança pode levar à sabedoria. Sua bondade resultou numa morte violenta; ele foi assassinado. Porém, ele morreu cantando, e continua cantando no plano espiritual. Como guia e mestre daqueles que buscam a música interior.

Algumas palavras de Naraz

Pela porta da minha tenda
os anjos entram voando.
Seus olhos são de esmeralda.
Suas asas são de fogo.

Anseio por inflamar-me em seu abraço.
Pela porta da minha tenda
os anjos entram voando.
Seus corações são feitos de neve.
Anseio por beber das frias águas que de lá escorrem.
Mas como pode ser isso,
asas de fogo, corações de neve?
O Criador é misterioso
E eu sou um tolo.
Visão de tolo, Naraz.
Os anjos não entram pela porta da sua tenda.
Eles estão sempre aqui.

A montanha é antiga.
As cabras a conhecem intimamente.
Suas vozes ecoam de vale profundo em vale profundo.
Eu era como uma cabra.
Saltando de rochedo em rochedo.
Só que as cabras não olham para o topo.
Quanto a mim, não paro de ansiar.
Naraz, desde o dia em que nasceu,
você foi uma pessoa.
Naraz, desde o dia da sua concepção,
você foi uma pessoa.
Alguns dizem: "Desista do desejo. Esteja onde você está."
Eu queria ser uma cabra.
Mas desde o meu primeiro alento,
sempre fui uma pessoa,
olhando para o topo das montanhas.

Ontem, eu estava colhendo rosas.
Os espinhos que não me espetaram
ficaram ofendidos.
Eles queriam me espetar.
Finalmente, deixei que um deles me espetasse.

Em troca, a rosa deixou que meu rosto
se aproximasse da sua beatitude.

Êxtase.
Nesse momento em que o seu nariz está cheio,
não há nada
a não ser o paraíso.
Ouvi dizer que há rosas que não têm cheiro.
Que maior ofensa poderia haver
contra a Terra, Naraz,
do que espinhos que nada têm para proteger?

Dançando, quebrei meu tornozelo.
Eu o torci na terra batida.
Aquele buraco, eu queria destruí-lo.
Mas o buraco já é vazio.
Aquela dor, eu queria destruí-la.
Porém, ela me disse: "Naraz,
não fui eu que fiz o buraco,
não fui eu que fiz o osso.
Um poeta desajeitado
ainda pode fazer palavras."
Por isso, eu me sentei nesta cama de dor,
com a perna enfaixada e entalada,
e cantei.

DOURG viveu na antiga Índia, séculos antes de o povo ariano dominar o subcontinente. A iluminação lhe veio lentamente, ao longo dos anos – e não num lampejo ou rajada de luz. Veio tão lentamente que, depois, ela não sabia dizer em que época da vida ela começou a conhecer a Divindade.

Trabalhou a vida inteira como oleira. E até mesmo nos anos em que homens e mulheres se reuniam diante da sua casa para escutá-la falar, com as mãos sobre a roda ela modelava potes e os pintava. Falava sobre o trovejar da vida que enchia-lhe a mente quando ela se voltava para dentro de si. Alguns se fizeram sábios devido às suas palavras. Muitos outros se fizeram sábios apenas observando-a e reconhecendo a possibilidade de vida espiritual na carne.

Se você invocá-la enquanto estiver trabalhando, ela o abençoará. Os mortos não sumiram. Simplesmente não são mais visíveis.

Algumas palavras de Dourg

A argila é a Terra. A argila é o meu corpo. Cada vez que as mãos afundam-se nela, elas se afundam profundamente no meu coração. As imagens no meu coração são lindas. Quanto tempo vou levar para moldá-las todas? Mil vidas poderiam se passar. Um único momento. Uma coisa é igual à outra quando minhas mãos estão na argila.

As árvores fazem bolotas. Os pássaros fazem ninhos. Esse é o trabalho que a Mãe me ofereceu. Tudo o que Ela criou, Ela criou para trabalhar no seu jardim. Os pássaros fazem ninhos, as formigas constroem cidades. Não há diferença entre um ser humano e uma formiga. Mas há sim. A cada manhã, quando acorda, a formiga se lembra dos seus sonhos. A cada manhã, quando acorda, o ser humano os esquece.

A argila é a Terra. Eu vim da Terra. A cada manhã, quando me sento junto à roda, lembro-me dos meus sonhos. Como vocês se lembram dos seus sonhos? Como vocês os moldam durante o dia? É tudo o que eu lhes pergunto. O restante é trabalho de vocês, essa lembrança e esse fazer.

INUBU viveu na África oriental, na região hoje conhecida como Uganda. Sua realização da Unicidade foi um processo gradual no qual ela foi superando as enormes deficiências com as quais nasceu e que exigiram que ela fosse transportada numa cadeirinha durante a maior parte da sua vida. Ela superou as deficiências usando essas mesmíssimas limitações para libertar sua mente de modo a ingressar em domínios que outros, em sua "normalidade", não podiam atingir.

A clareza do seu despertar inicial e as muitas experiências místicas menores que se seguiram foram-lhe dando, aos poucos, a força espiritual necessária para se curar de uma artrite gravíssima, primeiro, e depois começar a vagar como nômade, a fim de ensinar não apenas a arte da cura, mas também a arte da iluminação.

As linhagens de curandeiras que ela fundou perpetuaram-se ininterruptas durante milhares de anos na África centro-oriental, desde os dias em que ela viveu, quando os primeiros reis do Egito ainda governavam uma terra unida, prosseguindo ao longo das eras, até o momento em que o tempo e a história romperam-lhe a corrente. Porém, no plano espiritual, seu trabalho de orientação prossegue.

Algumas palavras de Inubu

As pessoas dizem que uma coisa é sagrada e outra não é; que um dia é especial e o outro não é. O que aconteceria, meus queridos, se vocês vivessem no mundo de tal modo que tudo o que fizessem, vocês o fizessem sabendo que é sagrado; se vivessem no mundo sabendo que todo dia é dia santo?

Quando vocês lavarem os seus pratos e eles forem sagrados; quando vocês escovarem os dentes sabendo que eles são sagrados; quando rezarem ou meditarem com a mesma sensação de estar fazendo um ato sagrado; quando falarem com seus amigos ao telefone sabendo que eles são santos; quando falarem com o caixa do supermercado sabendo que ele é santo; quando dirigirem os seus carros por uma estrada santa; quando puserem o lixo na rua de maneira santa; quando lavarem suas roupas de maneira santa, sabendo que o sabão, a água e as roupas são, também eles, santos; quando a máquina de lavar for santa, e vocês souberem disso; quando a secadora for santa, e vocês souberem disso; quando vocês se despirem e dobrarem as roupas com a mesma reverência com que os antigos sacerdotes e sacerdotisas costumavam dobrar e guardar seus paramentos – então o mundo será aquilo que está destinado a ser e vocês serão o que estão destinados a ser: plenamente presentes no corpo e totalmente santos.

Podem ser necessários milhares de vidas para se chegar a esse ponto. Mas quantas vidas vocês acham que já viveram? Nenhum de vocês nasceu ontem. Todos vocês são mais velhos do que pensam. Eu, de minha parte, tenho observado a história humana. Muitos de vocês pensam que nada mudou – e que, quando mudou, mudou para pior. Porém, não vejo isso dessa maneira. Vejo uma tomada de consciência cada vez maior por parte de um número cada vez maior de seres humanos. E me regozijo com esse movimento no espírito, lembrando-me da época em que eu mesma não era capaz de me mexer.

O hoje não é fácil. O amanhã pode não ser fácil. Mas se todos vocês se aferrarem, resolutos, às visões que trazem consigo, essas visões tornar-se-ão reais. Se vocês se abrirem para nós à procura de apoio e de orientação, nós os ajudaremos e os guiaremos.

Vejo que as pessoas se voltam para este ou para aquele livro, para este ou para aquele mestre. Alguns riem, vendo-os perambular de escola em escola, de disciplina em disciplina. Alguns criticam a si mesmos por não serem capazes de descobrir num único lugar aquilo que estão procurando. No entanto, eu me alegro quando vejo isso. Alegro-me com qualquer um que esteja procurando. Pois quanto mais vocês procurarem e não encontrarem exatamente o que estão procurando, mais descobrirão que não existe uma outra pessoa capaz de ensinar o que vocês querem saber. Pois todos vocês viveram em muitas épocas e lugares diferentes. Todos vocês viveram como mulheres e como homens. Desse modo, não há um único ensinamento que possa lhes evidenciar cada parte do ser que vocês são. Porém, há muitas pessoas capazes de fazê-los lembrar que tudo o que vocês precisam saber pode ser encontrado dentro do coração. Digo, do coração mesmo, corpóreo. O coração humano é feito de maneira a lhes dar acesso a toda a sabedoria. Como um aparelho de rádio ou de televisão, o coração pode ser sintonizado de maneira a captar diretamente as informações, captar tudo o que vocês são capazes de conhecer.

Quando vocês vivem cada dia na santidade, as células se tornam santas novamente. Quando elas ficam santas novamente, o dispositivo receptor de informações que é o corpo humano começa a funcionar como o Uno, que o criou, quer que ele funcione. Quando as células são santas, o coração é santo – o coração desse dispositivo receptor e transmissor. Quando o coração é santo, ele pode ter acesso a tudo o que vocês precisam saber. Então não haverá mais mestres, pois todos serão mestres, todos serão professores uns dos outros. E o mundo será pleno novamente; o grande experimento de consciência que está acontecendo neste belo planeta há de manifestar toda a sua beleza e sabedoria.

Cada pessoa que está aqui agora faz parte desse experimento. Cada um que decidiu tomar corpo nesta época faz parte da manifestação desse experimento. Faz muito tempo que nós trabalhamos para chegar aonde agora estamos. E está próximo o dia da festa.

Tudo é Um. E na Unicidade há muitas vozes. Que todos cantemos juntos. O dia santo da transformação está próximo.

✻

TUGALANIKAK viveu na antiga Austrália muito antes da vinda dos invasores europeus. Era herdeiro de uma longa tradição de curadores, mas tomou dos seus poderes espirituais e entrou num estado de consciência ainda mais profundo, onde seu eu pessoal foi erradicado e seu sentido de Unicidade era constante.

Por meio desse sentido de Unicidade, ele era capaz de induzir em seus discípulos profundos estados oníricos, graças aos quais eles conseguiam sentir parte do que ele mesmo sentira no seu despertar.

A partir daí, o caminho ficava mais fácil para eles, e com o tempo também eles – em sua maioria – se tornavam seres iluminados.

Vivendo como o fez, nas fronteiras do mundo divino, ele pôde canalizar para este mundo a pura luz do Espírito que nutre o coração e a alma dos peregrinos espirituais. Para aqueles que não o compreendiam, seu poder era assustador. Aqueles que conheciam o seu caminho, porém, não viam o poder, mas o vazio cheio de luz. Não a luz de uma pessoa, mas uma luz divina.

Algumas palavras de Tugalanikak

Fiquem perto da Terra. Que os seus pés sejam sempre os seus mestres, suas mãos sejam sempre as suas discípulas e o coração seja o ritmo ao qual vocês dançam.

Fiquem perto da Terra, por mais que ela esteja coberta de concreto, de edifícios e de metrópoles. Logo abaixo dessa pele, a Terra sempre é ela mesma, viva e palpitante.

Onde quer que vocês estejam, em qualquer ocasião, parem e façam como que uma meditação: simplesmente sintam o batimento da Terra dentro da qual todos nós nascemos. Essa é a origem de toda a música, a origem de toda a vida.

Assim como o batimento do nosso coração provém da Terra, o batimento do coração da Terra provém do sol; o do sol provém do coração da galáxia, cujo batimento provém do coração deste universo, cujo batimento provém do coração do Uno que fez todas as coisas. E todos esses corações, todos esses corações estão batendo juntos, batendo como um só.

Fiquem perto da Terra. A velha Terra, cansada, faminta e desesperadamente necessitada de cura. Alimentem essa velha senhora. Fiquem perto da pele dessa velha senhora e façam-na sentir o coração de vocês batendo junto ao dela.

Fiquem perto da Terra. Que os seus pés sejam os seus únicos mestres e os levem para onde quer que vocês se dirijam; deixem-nos ir aonde quer que vocês precisem ir.

O povo do mar não tem pés. Esse é o destino deles. Eles nadam no corpo líquido da velha Terra. Nadam nos seus olhos, no seu sangue, no seu corpo. Enquanto eles nadam, vocês caminham; caminham e continuam caminhando.

Venerem os pés de vocês. Toquem-nos com as mãos e digam: "Ó pés, contem-me tudo o que a Terra lhes disse em seus sussurros." Caminhem sem sapatos sempre que possível. Deixem que os seus pés conheçam novamente a Terra, como os amantes conhecem os corpos um do outro – macios, duros, íntimos. Juntos.

No tempo em que os animais e os seres humanos ainda conversavam entre si – nesse tempo, quando os pés ainda eram novos e constituíam um meio de encontro, comunicação e amor, o mundo todo ainda estava unido.

Sejam todas as coisas; sejam rochas, árvores, peixes, insetos, pássaros e animais. Sejam tudo o que vocês vêem, sejam-no por um momento, amigo ou inimigo. É para isso que a velha Terra fez vocês, fez seres humanos – para que uma parte dela pudesse se tornar todas as outras partes. Pois ela estava ficando velha, velha demais para continuar sendo, ela mesma, todas as coisas.

Sejam todas as coisas. Sejam tudo o que vocês vêem. É para isso que a velha Terra fez vocês, seres humanos. Fez uma parte de si mesma capaz de entretecer e unir todas as outras partes.

Aceitem a missão de ser sempre tecelões, entretecendo tudo o que vocês vêem; incluindo tudo o que vocês vêem no tecido do ser de vocês. Sejam aquela parte da Terra que está sempre entretecendo e unindo todas as outras partes. Onde quer que os seus pés os levem, entreteçam e unam tudo o que seus olhos virem.

Estendam as mãos. Estendam essas mãos sempre novas. O que quer que vocês toquem, toquem-no pela primeira vez. A velha Terra modelou-lhes essas mãos para que pelo menos uma parte do corpo dela possa ser sempre jovem, sempre nova, sentindo tudo pela primeira vez. Por isso, sintam tudo e sintam-no como algo novo. Façam isso para vocês mesmos e façam-no para o mundo que fez vocês.

Nem todos os mundos fazem pessoas como este mundo fez. Alguns mundos são silenciosos e permanecem sozinhos consigo mesmos. Mas a velha Terra queria sons, queria a dança; queria que as canções lhe cobrissem a pele para pulsar com elas, para brincar com elas, para tocar todos os ritmos que já foram e ainda serão. Por isso, venerem esse mundo que fez vocês, que fez toda a vida. Cantem. Dancem. Façam música sempre que possível. Façam a música que lhes for possível com os pés e com as mãos. É assim que se entretecem e unem todas as coisas.

Houve um tempo em que todas as coisas eram novas; eram novas e tudo ainda precisava ser experimentado. Houve um tempo em que as pessoas eram novas; eram novas e tinham de experimentar de tudo. Agora as pessoas são velhas. Cada uma já viveu em muitos corpos diferentes. Por isso, não é o bastante ser tudo o que vocês vêem. Vocês também têm de ser tudo o que já foram.

Sentem-se tranqüilamente e lembrem-se. Lembrem-se, por meio dos seus pés, de quantas vezes vocês já caminharam por este planeta. Não é a cabeça que vai lhes dizer isso. Mas os pés lhes dirão. Por onde quer que vocês caminhem, eles dirão: "Nós já estivemos aqui. Já caminhamos por aqui."

Por quanto tempo vocês conseguem caminhar? Por quanto tempo conseguirão caminhar sem se lembrar de tudo o que vocês são? Pois vocês são todas as pessoas: todos os homens, todas as mulheres, todos os que já caminharam sobre ambos os pés em cima deste velho planeta, eis quem vocês são. Caminhando.

Houve um tempo em que um pé podia tocar a Terra pela primeira vez. Houve época em que os pés se plantavam numa areia, numa terra, onde ninguém jamais havia pisado. Mas agora as pegadas da humanidade cobrem toda a Terra. Sintam-nas. Elas são os pés de vocês, e tudo o que elas sabem é quem vocês são.

Sintam a respiração. Agora parem. Retenham-na. Retenham-na o quanto puderem. Sejam o momento em que são obrigados a respirar novamente. Esse momento, esse momento é o ser inteiro de vocês chamando pelo corpo de carne que vocês fizeram para o seu espírito e para a sua alma.

Parem. Retenham a respiração. Retenham-na o quanto puderem. Sejam o momento em que vocês são obrigados a inspirar novamente. Sejam o momento e sejam a respiração. É isso que vocês são, além do corpo e além da respiração.

A mãe da luz é a escuridão, a mãe de todas as coisas. Sejam a própria escuridão do momento em que vocês são obrigados a tomar alento, em que o próprio corpo de vocês tem de respirar a si mesmo. Assim como o corpo de vocês tem de fazer isso, a Terra também o teve de fazer quando forjou um corpo para si mesma, quando forjou as rochas, as árvores, os peixes e todos os outros povos de seres.

Povos. Quantos outros povos? Vocês são capazes de contá-los? A velha Terra estava atarefada fazendo pessoas e mais pessoas. Ninguém era capaz de contá-las, nem mesmo ela. Ela não queria contá-las, queria apenas fazê-las. Queria fazer todas elas. Então, fez também a vocês, para que vocês fossem todas elas. Sejam, pois, todas elas. Mas nem mesmo vocês são capazes de contá-las.

No passado, quando os seres humanos eram novos, os xamãs e os curandeiros eram os únicos que podiam ser tudo. Eles já eram velhos naquela época; foram velhos antes de todos os outros. Mas agora todos são velhos. Velhos nos pés e capazes de ser tudo.

Hoje, já não há indivíduos mais velhos do que os outros. Lembrem-se disso. Todos são igualmente velhos. Isto porque todos são um, juntos.

Vocês querem ser jovens. Mas eu digo: sejam velhos novamente. Sejam velhos juntos. Há tanta alegria em ser velho! Sim, digam isso. Digam isso em voz alta de si para si mesmos: "Há tanta alegria em ser velho! Há tanta alegria em ser velhos juntos!"

O sol é velho, e no entanto ele não parou de distribuir luz. A velha Avó Sol é velha. E todos os seus filhos são velhos. Mas isso não os impediu de dançar ao redor do corpo de sua velha mãe.

Houve um tempo em que todas as estrelas eram novas. Hoje

elas são velhas. Não muito velhas; não muito, muito velhas. Apenas velhas, boas e velhas, ricas e velhas. Não chegaram, ainda, ao amadurecimento total.

Lembro-me de um tempo em que as pessoas eram novas. Mesmo nessa época a Terra já era velha. Mas as pessoas eram novas. Nessa novidade, não havia espaço suficiente para reter toda a luz. Não; é preciso ser velho, é preciso se alargar um pouco para reter toda a luz que vocês querem reter dentro de si. Esse é o prazer de ser velho. Ser mais longo, ser forte o bastante em anos para que todos possam conter toda a luz que existe, trazê-la do sol para a Terra.

Sejam velhos para a Terra. Não o façam só para si mesmos. Façam-no também para a Terra. Isso é o que todos nós, que somos mestres e somos velhos, sabemos. Por mais tempo que tenha transcorrido desde que nós começamos a viver em corpos físicos, nós ainda vivemos em corpos, corpos que vêm da Terra; e nestes corpos espirituais, isso é o que todos nós sabemos. Que pai amoroso foi a Terra para ter feito a partir de si mesmo todos esses corpos.

Sejam velhos em seus corpos. Façam isso também pela Terra. Sintam a velhice da Terra através dos pés. Sintam a totalidade da Terra através dos olhos. Sintam a juventude da Terra através das mãos. Sintam a luz da Terra em seus corações. E saibam que a luz da Terra é a luz do sol contida aqui. Saibam que vocês contêm a luz da Terra assim como ela contém a do sol, e assim como este contém a luz do lugar onde nasceu.

Houve um tempo em que as pessoas eram novas. As pessoas eram novas nesta Terra, e ainda eram preponderantemente animais. Mas havia nas pessoas algo que fora retirado de todos os outros animais; algo que o Pai Terra tirara deles e dera às pessoas. Elas eram novas, começando a aprender a ver como os seres humanos vêem. E havia uma delas que conseguia ver as rochas e ser rocha, ver as árvores e ser as árvores. E essa pessoa, Djigi – essa pessoa conseguia ver não apenas as coisas que podem ser vistas, mas também as coisas que podem ser sonhadas. Essa pessoa foi a primeira sonhadora entre os humanos. E Djigi sonhou acordada, sonhou toda a luz que havia. E Djigi reteve toda a luz que havia na escuridão do sonhar. E essa pessoa, essa Djigi – essa pessoa foi a primeira a ser cheia-de-luz. Essa Djigi foi a primeira pessoa do planeta a absorver, de maneira humana, toda a luz que existe – essa Djigi.

Enquanto vocês estiverem aqui, estejam aqui. Como Djigi. Quando forem embora, vão embora. Mas agora estejam aqui.

Enquanto vocês estiverem vivos, estejam vivos. Como Djigi. Quando não estiverem mais vivos, nós estaremos aqui para encontrá-los, neste aqui, neste outro aqui terrestre. Com Djigi. Pois até mesmo este aqui, longe da forma, é o aqui da Terra, o espírito da Terra, a vida total da Terra.

Enquanto vocês estiverem aqui, façam da Terra o seu mestre. A cada momento, venerem tudo o que ela fez. Enquanto vocês estiverem vivos, façam do corpo o seu mestre. Corpo de Terra. Corpo de luz. Um único corpo. Santo.

PARTE DOIS

Como Fixar a Sabedoria no seu Corpo e na sua Vida

6

A Leitura da Sabedoria em seus Ossos

Não lhe parece estranho que eu passe de um capítulo no qual falei sobre as raízes espirituais da história humana direto para outro no qual falo a respeito de ossos? Seja paciente comigo, pois você logo verá o quão profundamente ligadas estão as duas coisas. Ora, a caminhada que empreendemos no decorrer dos últimos dois milhões de anos teve por objetivo a criação de um corpo evoluído o bastante para que nossa alma pudesse manifestar-se plenamente nele; e os ossos são a estrutura do corpo.

Quando temos um sentimento ou pressentimento tão profundo que vai além das palavras, nós dizemos: "Sinto isso nos ossos." Essa expressão não é apenas uma maneira de dizer; como você verá neste capítulo, ela reflete uma verdade profunda sobre a constituição do ser humano.

Somos almas imortais que dançam através do espaço e do tempo. Nós esquecemos disso com freqüência, mas vários mestres vindos da grande Universidade da Terra já se encarnaram para nos lembrar de que isso é verdade. Um deles, Jesus de Nazaré, disse aos seus discípulos: "O reino de Deus está dentro de nós." Em outra palavras, não temos de nos voltar para fora a fim de encontrar a sabedoria, pois tudo o que precisamos já está dentro de nós agora – paz, amor, sabedoria e sentido.

Os cientistas podem até perscrutar o DNA na tentativa de desvendar o segredo de quem é o ser humano, mas nunca o descobrirão. Isso porque a codificação anímica que nos distingue dos outros seres está gravada na matéria não-atômica da matriz dos nossos ossos. Quando nos concentramos profundamente nos nossos ossos, encontramos neles toda a sabedoria que procuramos; encontramos o território de Deus, o reino dos céus. Pois toda a sabedoria humana está acumulada dentro de nós, nos ossos.

Essa informação me foi passada por uma das minhas conselheiras da Universidade da Terra, uma mulher muito sábia chamada Tabbad, cuja especialidade na Faculdade Vermelha (ela, jocosamente, chama a si mesma de bruxa vermelha) é a mecânica da encarnação, e, em particular, a maneira pela qual a alma infunde energia e informação no corpo físico. Esse conhecimento é útil tanto para a expansão quanto para o autodiagnóstico. Os ossos quebrados ou doentes indicam os setores da vida nos quais caímos em desequilíbrio.

Eu sempre soube que os ossos tinham um sentido profundo, mas foi só em 1992 que eu me abri a esse conhecimento. Passei os três anos e meio seguintes anotando essas informações e verificando-as, um osso de cada vez, em mim mesmo e nas outras pessoas. Agora, ofereço a vocês um método simples para o autoconhecimento e o desenvolvimento da sabedoria da alma.

* * *

O que os ossos nos dizem

Talvez você conceba a alma como uma coisinha bem pequena que vive dentro do seu corpo, talvez no seu coração. Porém, na verdade, é o corpo que vive dentro do grande mar da sua alma. Desde o momento da concepção, cada alma trabalha com a estrutura do corpo físico que escolheu, modelando-o, guiando o seu crescimento e codificando dentro dos seus ossos uma quantidade imensa de informações anímicas.

Para fazer isso, a alma "reduz a voltagem" da sua corrente, primeiro para entrar nos corpos sutis e em seguida, através deles, no corpo físico.

Se você olhar para o passado, verá que os seus ancestrais conheciam essa verdade sobre o corpo humano. Os enterros mais antigos, dezenas de milhares de anos atrás, não eram apenas uma maneira de mostrar reverência pelos mortos. Os primeiros cemitérios eram bibliotecas nas quais os ossos dos mortos eram preservados para que os seus descendentes pudessem "lê-los". Religiões tão diferentes como o budismo tibetano e o catolicismo têm o costume de dar grande valor aos ossos dos seus santos. Embora eles tenham se esquecido de como ler essas relíquias, não se esqueceram de que os ossos preservam energia e informação mesmo depois da morte. A informação é a energia que assumiu uma forma; seus diferentes "filamentos" são codificados por diferentes indivíduos, cujos ossos, cada um deles, também contêm tudo o que aquele indivíduo aprendeu naquela vida em particular.

Nos fetos, nos recém-nascidos e nas crianças, os ossos ainda não estão plenamente formados. De fato, o processo de codificação dura muitos anos, à medida que a alma vai imprimindo informações nos ossos que serão utilizadas numa dada encarnação. Em tempos antigos, realizavam-se ritos de passagem para celebrar o ingresso de uma criança na vida adulta. Essas celebrações ocorriam quando a maior parte dos ossos já estava plenamente formada, ou seja, quando a alma completava o processo de codificação. Aí então a pessoa está pronta para sair pelo mundo e fazer uso do conhecimento que leva consigo. À medida que a vida prossegue, os ossos, como os *chips* de computador, continuam a armazenar novas informações.

A estrutura dos ossos

O seu corpo tem mais de duzentos ossos dentro dele. Os ossos têm muitas funções. Eles sustentam e protegem os órgãos internos, servem de alavanca para os músculos, o que permite que você se movimente, e produzem as células do sangue e outros nutrientes. Numa pessoa viva, os ossos têm três camadas: (1) a camada membranosa externa, que é cheia de vasos sanguíneos e vincula os ossos aos ligamentos e tendões; (2) a camada densa, rica em minerais, que é codificada pela alma; e (3) uma seção interna porosa, que nos ossos longos contém o tutano ou medula óssea.

Olhe os desenhos dos ossos do corpo humano e familiarize-se com eles. Aprenda de cor o nome e a localização de todos os seus ossos. Use as figuras como um espelho interior para sentir os ossos dentro do corpo e passar a conhecê-los. Sinta como eles giram, se movem e lhe sustentam em pé. Comece a conceber-se como um ser

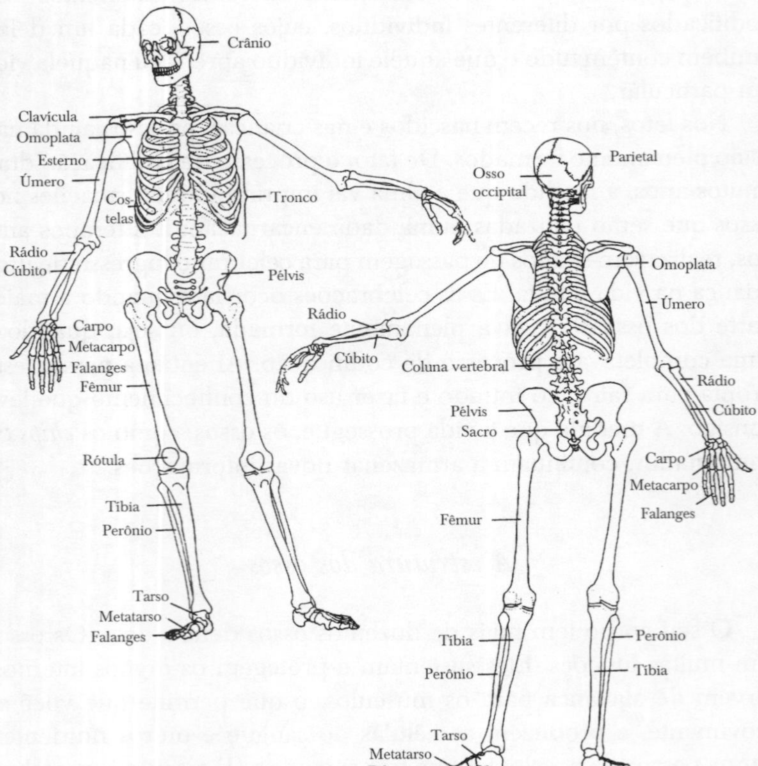

vivo que já contém dentro de si a imagem da morte: um esqueleto. Sinta a força e a sustentação que esse esqueleto lhe proporciona; comece a sentir que ele também contém toda uma riqueza de informações anímicas das quais você está em vias de tomar consciência.

Como ter acesso às informações dos seus ossos

Quando você já estiver familiarizado com todos os ossos do seu corpo, quer pelo estudo externo, quer depois de tocá-los e senti-los dentro de si, você estará pronto para aprender a "lê-los".

O processo de leitura dos ossos é bastante simples. Acontece mediante a introversão da consciência.

Cada osso do corpo contém informações específicas. Nos ossos que existem em pares, como acontece com a maior parte dos ossos do corpo, essas informações estão gravadas em duplicata. Por exemplo, tudo o que está armazenado na clavícula esquerda também está armazenado na clavícula direita. Mas, assim como os genes contêm uma dupla hélice de informações, assim também será por meio da "leitura" ou "audição" de ambos os ossos ao mesmo tempo, em estéreo, que as informações neles codificadas se tornarão conscientes da melhor maneira.

Quando você souber o que está armazenado em seus ossos, poderá ler aqueles que contêm a informação específica que você está procurando. Essa capacidade permitirá que você se fixe bem no seu corpo e responda por si mesmo às perguntas que freqüentemente dirige a outras pessoas: Quem sou eu? Por que eu nasci? O que vim fazer aqui?

Segue-se uma técnica simples que lhe permitirá "ler" seus próprios ossos.

1. Sente-se ou deite-se tranqüilamente num lugar onde você não possa ser interrompido. As luzes devem ser bem brandas, quase na penumbra, e o cômodo deve estar silencioso.

2. Sinta a sua respiração subindo e descendo. Una-se com a sua respiração. Deixe que todo o seu corpo movimente-se com a respiração, lenta e suavemente. Com inalações e exalações suaves e longas, comece a deixar a sua respiração um pouco mais lenta, como se você estivesse caindo no sono.

3. Dirija a atenção para o osso (ou par de ossos) que você deseja ler. Coloque, então, as mãos sobre ele, se possível. Caso se trate de um osso interno, coloque a mão, ou ambas as mãos, sobre a área onde ele se encontra. Conscientize-se da forma e do tamanho do osso. Aprofunde-se nele e sinta-o dentro de si.

4. Agora, imagine uma bela luz azul-celeste acumulando-se ao seu redor, luz que você pode inalar para dentro do seu corpo, diretamente sobre o osso ou ossos que quer decifrar. Para imaginar isso, você pode usar uma lâmpada azul. Inale a luz até ser capaz de ver claramente o osso dentro de si.

5. Quando o osso começar a brilhar dentro de você, use o som para ativar as informações armazenadas. Comece a emitir o som *oh* levemente anasalado em voz alta; aos poucos, sinta o som penetrando em espiral para dentro do seu corpo até entrar no fundo do osso que você quer decifrar.

6. Sem parar de emitir o som, sinta a forma, o tamanho e a espessura do osso, como se você o estivesse segurando, girando, sentindo cada parte dele com as mãos da sua mente.

7. Agora dirija a sua consciência totalmente para o osso, de modo que você entre plenamente nele e torne-se uma só coisa com ele, como se o levasse para dentro do seu coração, que é sábio e conhecedor.

8. Saiba que você pode ativar todas as informações contidas dentro do osso. A essa altura, talvez seja bom transformar o som numa vibração silenciosa, em vez de emiti-lo em voz alta.

9. Agora, concentre-se na informação específica que você gostaria de encontrar nesse osso. Faça ao osso a pergunta que você veio lhe fazer.

10. Deixe a informação ir subindo até a sua mente consciente. Ela pode surgir na forma de palavras, imagens, lembranças, sentimentos, pressentimentos, intuições, cheiros e assim por diante. Esteja atento ao osso e à sua capacidade de receber informações dele. Você pode deixar papel e lápis ao alcance da mão para registrar as mensagens recebidas.

O dicionário dos ossos

Os ossos do tronco

As COSTELAS representam os Dedos da Possibilidade. É nas costelas que a sua alma imprime todas as múltiplas possibilidades que ela foi criada para explorar. Nesse ponto nenhuma alma é igual a outra, e suas costelas contêm gravadas as possibilidades que são exclusivamente suas. Algumas dessas possibilidades já terão sido exploradas em outras vidas e em outras realidades, mas continuam sempre aí para inspirar você agora.

Coloque as mãos sobre a caixa torácica e veja as suas costelas brilhando dentro do corpo, com uma luz azul-clarinho dentro do corpo, abrigando o coração, os pulmões e outros órgãos. Entoe o som já mencionado e sintonize os seus sentidos interiores no miolo das suas costelas. Deixe que as informações emerjam à mente consciente. Brinque mentalmente com as possibilidades que a sua alma foi criada para explorar, possibilidades essas que foram codificadas em suas costelas; brinque como as suas mãos brincariam com um xilofone, produzindo sons.

Se o caminho da sua vida parece sem saída; se você está parado numa encruzilhada, em transição, sentindo necessidade de mudança, essa pode ser uma boa ocasião para buscar acesso às informações contidas em suas costelas. E se quiser celebrar e honrar o seu enorme potencial enquanto ser vivo, explore as suas costelas. Perceba como as informações vão mudando das costelas inferiores para as superiores. Dirija a atenção a todas as costelas ao mesmo tempo e preencha-se com todas as suas possibilidades imortais, agora centradas no mundo da forma.

As OMOPLATAS, ou espátulas, são ossos da Forma do Sonho. De formato irregular, flutuando nas costas sobre as costelas, esses dois ossos emparelhados contêm os mais elevados sonhos da sua alma para você nesta vida. Porém, é importante lembrar-se de que os sonhos não são a mesma coisa que as possibilidades. Alguns sonhos não estão destinados a tornar-se realidade; devem permanecer sempre na qualidade de sonho para alimentar e inspirar você. Se você fosse um anjo, suas asas se prenderiam às omoplatas.

Se você não tem uma visão que lhe inspire; se está espiritualmente bloqueado, sentindo-se desligado da sua fonte mais profunda de inspiração, viaje para dentro das suas espáduas e espaireça ao sol dos sonhos da sua alma. Eles podem até ser grandes demais para manifestar-se no mundo da forma, mas deixe que os seus sonhos o alimentem, que sejam a sua musa inspiradora.

As CLAVÍCULAS são os ossos da Alegria na Forma. Ligadas às omoplatas e ao esterno, flutuando sobre as costelas, as clavículas contêm o amor da alma pela corporeidade, sua alegria nas limitações que a vida num corpo físico lhe impõem. É a limitação que faz um soneto. A limitação é a diferença entre dois espíritos que se encontram no mundo espiritual e se interpenetram, e dois amantes que se encontram no mundo da forma e se abraçam e se beijam.

Os bebês muitas vezes choram porque estavam vagando fora do corpo e voltam a ele de repente. Se o bebê estiver chorando por causa disso, esfregue levemente um das suas clavículas. Se o bebê que há em você quiser saber o que lhe trará alegria nesta vida, aprofunde-se dentro desses ossos e explore o que neles houver.

O ESTERNO é o osso da Presença do Eu no Mundo. Para os astrólogos, é o signo ascendente que diz algo a respeito de como você se apresenta perante as outras pessoas. Este osso contém as decisões da sua alma quanto ao modo de se apresentar no mundo. Aqui estão contidas as atitudes, sentimentos e desejos.

Se você estiver se sentindo confuso a respeito do modo pelo qual as outras pessoas o vêem, ou do modo pelo qual você quer ser visto, decifre este osso. Se você estiver se sentindo desprotegido, sem defesas naturais, ou se sentir que você mesmo se aprisiona atrás de um escudo à prova de balas, aprofunde-se no seu esterno. Quando você precisar de proteção, sinta esse osso. Quando precisar apresentar-se no mundo de maneira lúcida e autônoma, sinta esse osso.

Os ossos da espinha

As VÉRTEBRAS, o SACRO e o CÓCCIX compõem a espinha dorsal ou coluna vertebral. Nós, na Universidade da Terra, os chamamos de ossos da História do Eu. A coluna vertebral contém as informações que a sua alma imprimiu no seu corpo acerca da sua história genética. A linhagem dos ancestrais está registrada aqui, bem como a história de toda a raça humana, nas diferentes partes da sua espinha dorsal.

O *cóccix*, na extremidade da espinha dorsal, consiste em vários pequenos ossos fundidos e contém informações específicas a respeito dos primeiros ancestrais da espécie humana.

O *sacro*, na base da espinha dorsal, é formado por cinco ossos que se fundem por volta dos trinta anos. Contém informações a respeito da história particular da espécie humana, da sua evolução e do seu desenvolvimento no nível físico, juntamente com a sabedoria que a espécie humana adquiriu ao crescer.

Há três conjuntos de vértebras. As cinco *vértebras lombares* contêm a história dos ancestrais genéticos da sua pessoa. A leitura delas lhe será muito mais proveitosa do que mil fotografias ou árvores genealógicas. Elas vão fixá-lo e ancorá-lo no mundo, dando-lhe todo o esteio de que você necessita. Você escolheu a sua família por uma razão específica, e esses ossos lhe dirão qual é essa razão.

Cada uma das vértebras lombares contém um campo diferente de informações. Os números começam na base da espinha dorsal e caminham para cima, em direção à cabeça; na lista abaixo, portanto, as vértebras são apresentadas em ordem descendente.

L5: relação com o lugar e o ambiente; sentimentos a respeito do lar

L4: atitudes com relação à família e a outras pessoas, amigas ou inimigas

L3: sentimentos e atitudes com relação às crianças e à criação de filhos

L2: informações a respeito da vocação e das capacidades

L1: esperanças e sonhos genéticos da família

As doze *vértebras torácicas*, às quais as costelas estão presas, receberam da alma informações sobre as suas vidas passadas e a sua história anímica. Elas armazenam as habilidades, talentos e capacidades que você utilizou e explorou em outras vidas, e das quais você ainda pode fazer uso se recorrer a elas. Essas informações não vêm na forma de narrativas a respeito das suas vidas passadas, mas em dados sólidos acumulados ao longo das passadas existências na corporeidade.

T12: habilidades básicas de sobrevivência

T11: habilidades vocacionais e talentos particulares

T10: informações sobre o gênero sexual e os hábitos de reprodução

T9: visões de vida globais da alma

T8: informações sobre família, parentesco, amizade e intimidade

T7: sistemas de crença já adotados, religiões que já teve

T6: crenças pessoais, filosofia individual e particular

T5: conjunto de sentimentos, raiva, intensidade das emoções

T4: metas para a vida coletiva e sua realização na prática

T3: mecanismos para enfrentar com sucesso as limitações e os malogros

T2: capacidade de exaltação e interligação cósmica

T1: sentido de eu

As sete *vértebras cervicais*, as do pescoço, contêm as habilidades anímicas inatas e acumuladas que você decidiu pôr em uso nesta vida em particular. Se você envolver o seu pescoço com as mãos e aprofundar-se nesses ossos, poderá ter acesso a essas habilidades sempre que precisar delas.

C7: eu como aspecto da consciência de Deus

C6: objetivos particulares estabelecidos para esta vida

C5: potencial visionário, onírico e de expansão do eu

C4: limitações, desafios

C3: participação no desenvolvimento do planeta

C2: relação com o corpo escolhido, seu crescimento, sua saúde

C1: experiências de Deus e da Unidade, e como explorá-las

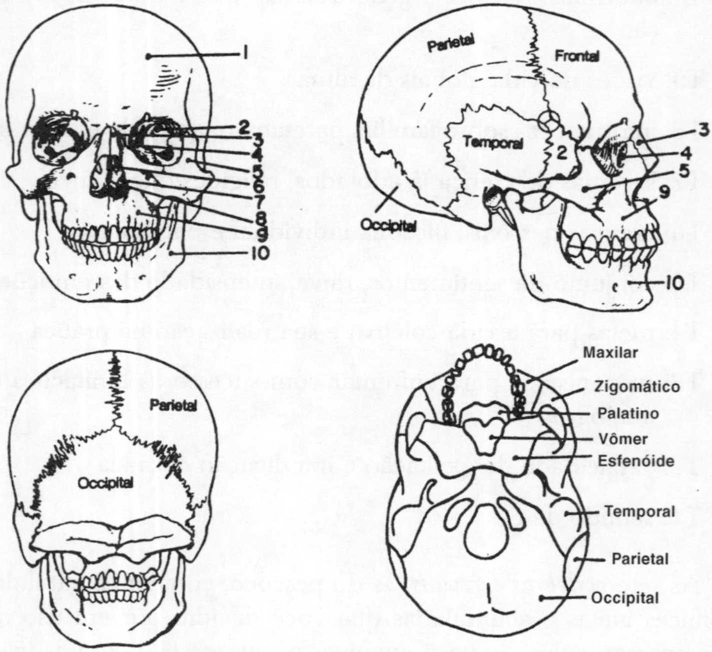

1. frontal 3. nasal 5. zigomático 7. concha nasal 9. maxilar
2. esfenóide 4. lacrimal 6. etmóide 8. vômer 10. mandíbula

Os ossos do crânio

O crânio não é um osso único, mas é um complexo quebra-cabeça de formas interligadas, algumas delas internas e outras situadas imediatamente abaixo da pele. Alguns ossos existem em pares e outros são únicos. Todos estão programados com diferentes informações. Ao todo, o crânio contém vinte e cinco ossos que não estão plenamente formados nos recém-nascidos e que nos adultos parecem rígidos, mas que, na realidade, se movem ao longo de toda a duração da vida, suavemente se aproximando e se afastando uns dos outros, um perfeito quebra-cabeça vivo tridimensional.

Como o nome indica, o osso FRONTAL forma a fronte, ou testa. Compõe-se de dois ossos que se fundem por volta da idade de seis anos, embora permaneçam unidos por cartilagem em cerca de dez por cento da população adulta. Esse osso grande e curvo nos é conhecido como Taça do Eu. Todos nós, encarnados ou desencarnados, temos muitos aspectos diferentes. Vivemos muitas vidas diferentes, já fomos mulher e homem, e carregamos conosco todo esse conhecimento. Porém, existe um sentido do eu singular e focal – uma sensação de que "isto sou eu" – que todos nós precisamos ter para viver bem. O sentido do eu é gravado pela alma no osso frontal.

Pense sobre o que você faz quando comete um erro, quando se afasta do seu verdadeiro Eu. Você bate na testa, segura a testa com uma ou com as duas mãos. O que é isso senão uma volta ao sentido de eu? E quando você faz isso conscientemente, a riqueza de informações que recebe da sua alma aumenta de maneira considerável.

Em ambos os lados da cabeça, por trás do osso frontal, estão os dois ossos PARIETAIS. Essas grandes placas em forma de cúpula que cobrem a maior parte do topo da cabeça nos são conhecidas como Abrigo do Céu. A função delas não é unicamente a de proteger o cérebro contra pancadas; elas também abrigam dentro de você a sua capacidade de autoproteção. Colocar as mãos no topo da cabeça é um gesto de proteção, gesto que os prisioneiros são, com freqüência, forçados a tomar. Embora do ponto de vista da lei essa postura sirva para tornar visíveis as mãos do suspeito e impedi-lo de usar armas, do ponto de vista da alma esse gesto lhes permite ter acesso a uma fonte interior de segurança.

Esses ossos são os seus marcos de fronteira; eles contêm informações que lhe dirão o que, exatamente, o separa e diferencia de todas as outras almas que nadam no imenso oceano de Tudo o Que É. Marcos de fronteira, abrigo; quando você conhece esses aspectos seus, então você está seguro.

Na parte de trás da cabeça está o osso OCCIPITAL. Ele envolve a parte posterior da cabeça e pode ser localizado encontrando-se a bossa que fica lá atrás. Esse osso mágico tem um grande orifício através do qual passa a medula espinhal e é conhecido como o osso do Tom da sua Presença. Em outras palavras, esse osso contém a vibração reguladora que mantém em harmonia uns com os outros o seu ser, a sua alma, o seu corpo energético e todas as células do seu corpo físico. Quando você estiver se sentindo aborrecido, indisposto, desarmônico com o seu ser, deve voltar a sua atenção consciente para esse osso; então, você será facilmente capaz de entrar de novo em linha com o seu Eu – o filho imortal de Deus que você é. Envolva a bossa – denominada protuberância do occipital – com a sua mão para entrar em harmonia com o seu Eu e também para integrar e assimilar informações novas. Segure-a com as pontas dos seus dedos e suavemente faça o movimento de girá-la como uma maçaneta para entrar de novo em harmonia. Realmente, essa taça óssea é um maravilhoso fator de equilíbrio em épocas de desafio. (E quais épocas não são de desafio?)

Nos dois lados da cabeça há dois ossos denominados TEMPORAIS. Quando estão angustiadas, as pessoas costumam descansar aí as pontas dos dedos e esfregar o local. Por quê? Porque esses dois ossos são as Paredes da Cura. Todos os organismos vivos oscilam entre o equilíbrio e o desequilíbrio. O corpo tem muitos mecanismos de autocura, mas a concentração nesses ossos pode lhe fornecer informações anímicas a respeito do que você pode fazer para restabelecer o equilíbrio do corpo.

Os dois pequenos ossos NASAIS, na parte superior do nariz, estão assentados lado a lado. As pessoas os apertam e os esfregam quando estão perdidas em pensamentos, pois esses ossos contêm um tipo de informação que lhes valeu o nome de Sede da Ativação. Quando você recorrer a esses ossos, vai descobrir como pôr-se em ação, como motivar-se, como desencadear a atividade. Embora minúsculos, esses ossos são poderosos. Eles são o interruptor de "liga-desliga" para a ação em todos os setores da sua vida.

Os ossos emparelhados que dão estrutura à parte frontal do seu rosto são conhecidos como MAXILARES. Os dentes superiores se enraízam nesses ossos. A sintonia e as informações que a alma imprime sobre esses dois ossos valeu-lhes o nome de Casa das Maravilhas. O sentido de maravilhamento, as coisas que fazem com que você exclame *ooh* e *aah*, que o emocionam, assombram e intrigam, estão armazenadas aí. Os maxilares são a sede de tudo o que lhe dá prazer sensível. Por isso, se você está se sentindo apagado, desligado dos esplendores da criação, se já viveu demais e perdeu a antiga sensação de reverência e de novidade, recorra a esses ossos. Apóie levemente sobre ele as pontas dos dedos e deixe aquela luminosa sensação de maravilhamento, que pertence só a você, começar a despertar lentamente no seu corpo e subir à consciência.

A parte de baixo e o arco interno das órbitas oculares são formados pelos ossos maxilares; o arco externo dessas órbitas e os lados do rosto são formados pelos ossos ZIGOMÁTICOS, ou ossos malares. Essas estruturas elegantemente curvadas nos são conhecidas como Vasos do Sentido. Cada vida, cada encarnação isolada, tem um propósito, um sentido que nasce da natureza imortal da alma que se esforça para se expressar no domínio físico. Toda vida tem um sentido preciso a cada momento, por mais que ela pareça sem sentido para os outros ou mesmo para quem a vive. Esses ossos maravilhosos que se ressaltam no rosto, são os de que eu mais gosto no corpo humano. Quando você se sintonizar com eles, vai ouvir a sua versão individualizada da palavra *sim* ecoando em cada célula do seu ser. Esfregue esses ossos, segure-os, coloque sobre eles as pontas dos dedos sempre que você se sentir perdido e indeciso, como se nenhum dos seus atos tivesse sentido. Volte a atenção para o interior desses ossos e volte ao sentido próprio da sua alma, ao sentido próprio da sua vida, que estará gravado no seu corpo enquanto os seus ossos existirem.

Atrás do nariz, conformando uma parte das paredes da cavidade nasal, encontra-se o osso ETMÓIDE. Essa estrutura singular não pode ser percebida com as mãos, mas pode ser conhecida por meio dos sentidos interiores da visão, da audição e do tato. Encontre esse osso e procure conhecê-lo. Nós o chamamos de Casa do Não! Um nome curioso para um osso curioso; ele não recebeu esse nome por ser impossível tocá-lo a partir de fora, mas porque a sabedoria nele armazenada é exatamente a capacidade de dizer "não" a certas coisas. Esse osso desenvolveu essa função a partir de uma função biológica muito mais simples: a capacidade de saber o que se deve e o que não se deve comer. Nas formas de vida mais elementares, esse osso só cumpre essa tarefa. Nos seres humanos evoluídos, ele transpõe essa tarefa a todos os domínios do pensamento e da ação. Saber dizer "não" é uma parte essencial da vida; se você perdeu essa capacidade, entre em sintonia com esse osso encantador.

Ocupando parte do espaço entre as duas narinas, o VÔMER é uma criatura fascinante. Nós o chamamos de Eixo da Discriminação. Sua função é diferente da do osso etmóide, mas é igualmente importante. Ele não contém a capacidade anímica de fazer juízos de valor (bem – sim; mal – não), mas de fazer distinções baseadas na percepção do que lhe é apropriado numa dada situação. Por exemplo, uma coisa que você costuma comer quando está bem de saúde pode não ser boa em caso de doença. Isto é diferente de saber que uma determinada coisa nunca é boa para você. A sintonia com o vômer lhe permitirá exercitar a discriminação, não somente no que diz respeito à alimentação, mas em todos os setores da vida.

O osso ESFENÓIDE tem a forma de um pássaro ou de um morcego e se situa na base do crânio. É denominado Asas da Verdade e da Beleza. Esse osso maravilhosamente belo é a fonte das informações anímicas sobre as qualidades da verdade e da beleza. Nos dias de hoje, em que uma tão grande parte do mundo está maculada pela feiúra de coisas feitas e criadas pelos seres humanos, em que é dificílimo encontrar a verdade, lhe será sem dúvida reconfortante saber que tudo o que você precisa fazer para encontrar essas qualidades é voltar-se para dentro de si. No interior, a verdade e a beleza são o próprio chão sobre o qual o seu cérebro se assenta. Se você estiver se sentindo desligado dessas qualidades, se estiver acreditando que os seres humanos jamais chegarão a um acordo a respeito delas, volte-se para dentro e ilumine esse osso. Ele o preencherá com a profunda sabedoria da alma e o ajudará a curar o seu mundo.

Nas extremidades internas das cavidades oculares, perto das glândulas lacrimais, há dois ossos simétricos entre si, de pequeno tamanho, conhecidos como ossos LACRIMAIS. Pequenos como são, sua função é antiga e importante, pois são os <u>Pilares da Eqüidade</u>. Não Justiça, mas Eqüidade – uma qualidade diferente, que não envolve tanto o direito quanto a harmonia. Quando você entra em sintonia com esses ossos localizados perto dos olhos, perto dos dutos respiratórios, o seu senso de retidão, de eqüidade e de harmonia fica fortalecido. Esses ossos não são grandes, e isso faz parte do seu significado anímico. Ser justo não é uma coisa imensa, mas pequena. E, não obstante, também é uma coisa essencial. Com freqüência, a autoridade e o poder tomam o lugar da eqüidade. A autoridade e o poder são estrondosos, ferozes e grandes. Mas nesses ossos minúsculos, toda a eqüidade de que você precisa será encontrada para o bem de toda a humanidade.

Dentro dos ouvidos há três ossos minúsculos – a BIGORNA, o MARTELO e o ESTRIBO – denominados <u>Guardiães do Equilíbrio</u>. Quando você entra em sintonia com esses ossos minúsculos, que não aparecem nas figuras, eles o ajudam a manter o equilíbrio espiritual. Sinta-os dentro de si quando você precisar ativar essa qualidade do Eu, da Alma; se eles lhe parecerem mais nítidos, mais evidentes num dos lados do que no outro, trabalhe com o som *ooh* até senti-los equilibrados. Faça o som vibrar no ouvido mais fraco.

O osso do queixo, conhecido pelos médicos como MANDÍBULA, é conhecido por nós na universidade como a Taça da Força Atenta. A força não é como o poder, cuja energia e informação estão gravadas nos ossos pélvicos. O poder diz respeito à expressão, ao passo que a força é uma qualidade interior. E a força atenta é uma qualidade de que todos precisam enquanto trabalham para criar uma civilização global mais prospectiva – quando você segura o queixo com uma das mãos e o esfrega levemente. É esse o gesto que o ajuda a ativar a energia e as informações armazenadas nesse osso. Ele desperta a força atenta que o ajudará a reconstruir o mundo. Não uma força bruta, selvagem, inconsciente, vingativa e defensiva, mas uma força atenta, uma força entretecida com a razão e com a visão, com a esperança e com o amor, que nasce desse osso e dos dentes inferiores, que nele se fixam – uma força que se encontra com o maravilhamento quando você mastiga.

Há ainda dois outros ossos dentro do crânio. São denominados CONCHAS NASAIS. Situados no interior da cavidade nasal, esses ossos gêmeos chamam-se Portais do Assombro. Quando você inspira, o ar passa sobre esses ossos e ativa a capacidade de assombrar-se. O assombro é uma pausa nos movimentos do corpo. Hoje em dia, as pessoas perderam a capacidade de assombrar-se. Raramente vocês saem para fora de casa à noite e olham para a vastidão das estrelas. Vocês ficam de pé junto à orla do mar, mas os mares foram tão mapeados que não representam mais mistério nenhum para vocês. A única pausa que lhes resta é o medo. O corpo de vocês ainda pára sob o efeito do medo. Mas o assombro é uma pausa benévola e necessária. Todos os seres humanos sensitivos têm de sentir o assombro para estar em plena harmonia com Tudo o Que É. A consciência desses minúsculos ossos internos ativará em você essa capacidade – a de parar, fazer uma pausa e tornar-se testemunha do imenso e incessante milagre da corporeidade, da poeira estelar, da dança e dos sonhos.

O último osso da cabeça, o HIÓIDE, é um minúsculo osso em forma de U situado entre a mandíbula e a garganta. Flutuando no meio do tecido mole, esse osso curioso e isolado, que não aparece na figura, tem a maravilhosa função de ser a Âncora da Delícia em todos os corpos humanos. Está ligado à língua e à capacidade de saborear, sendo o sabor um veículo da delícia. Quando você recorre à energia que a alma gravou nesse pequenino osso, adquire a capacidade de ser um transmissor/receptor de alegria em cada célula. O hióide emite e recebe essa energia para todos os setores do corpo. Em época de sofrimento, quando você estiver se sentindo aborrecido, perdido, temeroso ou desconsolado, volte os sentidos para dentro, para esse delicioso ossinho, e beba a grandes goles toda a delícia do ser que foi codificada nele, em você, pela sua alma, que é você.

Embora possam parecer ossos, os DENTES na verdade se desenvolvem a partir de uma camada de tecidos diferente da dos ossos. Mais duros que os ossos, os dentes têm densidade de mineral, e também são codificados pela alma. São as únicas partes codificadas do corpo que são substituídas; perdemos os dentes de leite para que possam nascer os permanentes. Ambos os conjuntos são chamados Portais da Corporeidade. A alma programa informações um pouquinho diferentes em cada um dos conjuntos, informações apropriadas para cada etapa da vida. Os dentes são os guardiães do corpo interior e nos ajudam a fazer o vínculo com o mundo físico. Os dentes superiores nascem do *maxilar* e os inferiores da *mandíbula*, e os dois conjuntos são, além disso, ligados às qualidades associadas a esses ossos. Como notas musicais, cada dente individual também vibra em seu próprio tom de sabedoria física. Dê uma pancadinha em seus dentes, ou esfregue-os, para ativar a sabedoria neles gravada.

Os ossos das pernas

A PÉLVIS, ou osso da bacia, é formada por três ossos ligados, o ilíaco, o ísquio e o púbis. Eles, no conjunto, são conhecidos como o

Vaso do Poder. Constituem a sede da força, da concentração e do empenho em cada encarnação. Esses pares de ossos, que estão ligados com o sacro, contêm o movimento, o impulso e a força de realização de que você precisa na vida. O gesto de colocar as mãos nos quadris é um lembrete inconsciente do que está armazenado neles; você pode se aprofundar nessa sabedoria se fizer conscientemente esse gesto, usando os sentidos internos da audição e da visão para ter acesso ao seu poder anímico codificado.

Os FÊMURES, ou ossos da coxa, constituem os Mastros da Retidão. Como um par de bússolas interiores, esses ossos são dispositivos direcionais, não para determinar a direção espacial, mas para favorecer o movimento correto em sua vida. Sinta e veja esses ossos dentro de você. Eles são grandes e têm a extremidade superior profundamente fixada nas cavidades do quadril. Sinta as ondas de energia que banham o espaço entre eles e saiba que, quando você tiver acesso a essas informações, sempre será capaz de entrar no fluxo correto do movimento correto da sua alma nesta vida.

As RÓTULAS, ou patelas, são as Guardiãs da Fronteira. Assim como os fêmures lhe dizem para onde ir, as rótulas lhes dirão quando e como parar. Elas são os primeiros ossos que sulcam o espaço desconhecido à sua frente quando você caminha. Se você entrar em sintonia com elas quando estiver parado, vai poder tomar consciência das suas próprias fronteiras energéticas. Se voltar a atenção para elas quando estiver se movimentando, vai poder levar esse conhecimento para o mundo em todas as suas ações.

As TÍBIAS, os ossos frontais da perna, são os Mastros da Lucidez. Num mundo cheio de conflitos e de confusões potenciais, é útil ter uma fonte permanente de lucidez, e essa é a função das tíbias. Desde antes do seu nascimento, sua alma imprimiu nesses ossos todas as informações a respeito da sua natureza essencial, do seu caráter único enquanto indivíduo, que permanece o mesmo em todas as existências. E você pode recorrer a essa fonte de lucidez aprofundando-se nesses ossos. Quando você sabe quem é, tem aí um conhecimento com o qual sempre vai poder contar, independentemente do que esteja se passando ao seu redor. Também são esses os ossos mais suscetíveis de sofrer fraturas quando você se movimenta sem lucidez. Se você estiver atento e consciente das suas tíbias, sua vida será bem organizada.

Os PERÔNIOS são os ossos do Conhecimento Espacial. Esses ossos delgados, situados ao lado das tíbias, têm uma função relacionada com a delas. Receberam da alma informações relativas ao mundo e a como você deve se movimentar nele. Assemelham-se a um aparelho de radar e regulam a rapidez com que você se movimenta e o fato de você se sentir confortável em espaços fechados ou abertos; além disso, orientam-no quando você caminha sobre um terreno acidentado. Os excursionistas, ciclistas e turistas que decifrarem a mensagem desses ossos vão descobrir que os seus movimentos e viagens vão melhorar. Ao lado das informações gravadas nas tíbias, as informações dos perônios lhe permitirão caminhar pelo mundo em segurança.

Há sete ASTRÁGALOS, cada qual com um nome diferente. Seis desses ossos receberam um conjunto de informações, e o sétimo recebeu outro. Esses seis astrágalos nos são conhecidos como os ossos das Opções Flexíveis. Entre em sintonia com eles quando você estiver se sentindo incerto, inflexível, rígido. Flexione-os e movimente-os para que a energia desse movimento percorra todo o seu corpo.

Os CALCÂNEOS, ou ossos do calcanhar, são os ossos da Ligação com o Planeta. Isso é evidente, pois é através desses ossos que o peso do corpo se transmite para o solo quando vocês caminham. Neles estão codificados todos os seus contatos com a Terra, tudo o que você precisa saber a respeito de como viver no planeta e conviver com o planeta. Segurando esses ossos em suas mãos, a firmeza do próprio planeta lhe será transmitida; e, quando você caminhar conscientemente sobre os calcâneos, estará caminhando na legítima altivez de um filho da Terra.

Os ossos longos sobre o peito do pé são denominados METATARSOS. Há cinco metatarsos, que, juntamente com os catorze minúsculos ossos dos dedos do pé, denominados FALANGES, são conhecidos por nós, na Universidade da Terra, como as Hastes da Direção. Esse nome não implica apenas a direção física, mas também a direção da vida. "Para onde estou indo?" Essa pergunta não se aplica só ao espaço; é também uma pergunta espiritual. Nos pés, suas raízes, a alma gravou informações a respeito da direção da sua vida. Em algumas tradições, o mestre espiritual é denominado Diretor. Em algumas tradições, lavar os pés é um ritual religioso. Lave os seus pés, esfregue-os. Adquira as ricas informações nele contidas. Pois, na verdade, o conhecimento da direção para onde se deve ir é mais da metade do que você precisa saber para chegar até lá, e esses ossos são os seus diretores internos.

Os ossos dos braços

O osso do braço propriamente dito é denominado ÚMERO. Esse osso comprido é por nós chamado de Mastro da Intenção. Coloque a mão sobre esse osso e aprofunde-se nele. Nos velhos tempos, o chefe de clã sempre levava consigo o úmero de um predecessor valoroso, para obter orientação; dessa tradição provém o cetro da realeza.

Quando você entra em sintonia com os seus ossos úmeros, entra num vínculo consciente com suas próprias intenções. O úmero se prende à omoplata, o osso dos sonhos. Ele apanha os sonhos e os direciona, para que também eles possam dirigir o seu movimento no mundo. Quando você caminhar, preste atenção em como os seus braços balançam; veja e sinta seus dois úmeros comandando esse movimento. Com freqüência, quando está pensando, você segura um dos braços com a mão oposta. Em profunda reflexão, você às vezes permanece firme, com os braços cruzados sobre o peito de modo a poder agarrar ambos os braços. Esse gesto não é acidental. Ele lhe permite extrair as informações aí presentes e dizer às outras pessoas que as suas intenções são claras e devem ser levadas em conta.

No antebraço há dois ossos giratórios, o *cúbito*, do lado do dedo mínimo, e o *rádio*, do lado do polegar. Eles têm funções diferentes, porém correlatas. Os dois juntos são, no corpo, a fonte das informações anímicas relativas à criatividade. Da intenção à criatividade, os ossos do braço são os meios que permitem a todos os seres humanos manifestar-se no mundo de maneira nova e inventiva. As pessoas instintivamente esfregam os antebraços para desencadear o processo criativo; quando você entrar em sintonia com eles, poderá trazer à consciência toda a criatividade da sua alma imortal.

Quando você fica de pé com os braços pendendo ao lado do corpo, o CÚBITO fica no lado de trás. É o osso da Medida Criativa. A criatividade tem seus fluxos e refluxos, nos quais você deve flutuar como um surfista sobre a onda. Ao fluxo de trabalho sempre se segue um refluxo de repouso e de novas gestações. Nas culturas que vêem a criatividade como uma obrigação ou profissão e não como um processo, os ritmos criativos naturais são deixados de lado. A sintonia com esse osso vai religá-lo com os seus ciclos criativos interiores.

O RÁDIO, o osso que fica na frente quando você fica de pé com os braços pendendo ao longo do corpo, é o osso da Expressão Criativa, no qual a alma gravou todas as informações de que você precisa para se expressar plenamente nesta vida. Segure esse osso e aprofunde-se nele. Situado acima do polegar, ele é o milagre da criatividade dos seus ancestrais, pois permite que você segure e agarre os objetos e interaja com o mundo físico de maneira muito diversa da que é possível aos animais, que só têm patas. É no rádio e por meio do rádio que você pode encontrar e tomar plena ciência da sua criatividade. Todo ser humano vivo é um artista de um ou de outro tipo – um cozinheiro, um contador de histórias, um músico, um dançarino, um médico, um amigo, um promotor da paz. E a sabedoria da sua arte específica está contida nesse osso.

No pulso há oito pequenos ossos denominados CARPOS. Todos eles estão programados com as mesmas informações. Esses ossos constituem a Sede da Modulação Criativa. Assim como a criatividade tem fluxos e refluxos, também deve ter limites. Não limites no tempo, mas limites na concepção. Há uma expressão incorporada nos ossos do pulso: "Não procure alcançar o que você não for capaz de segurar." São esses os ossos que modulam, controlam a energia criativa – quando você lhes presta atenção, eles lhe dizem quais são os seus limites. É muito comum encontrar pessoas que sofrem da chamada síndrome do túnel do carpo; essas pessoas não deram atenção às informações que esses ossos estavam programados para lhes oferecer. Muitas vezes, quando sob tensão, as pessoas esfregam os pulsos, tentando aliviar a sensação opressiva. Se, em vez disso, elas escutassem esses ossos, não empreenderiam atividades superiores às suas capacidades naturais.

Há cinco ossos METACARPOS na palma da mão e catorze FALANGES nos dedos. No seu conjunto, esses dezenove ossos são conhecidos como Rio da Expressão. Acaricie-os, esfregue-os e sinta as informações que eles contêm, pois a expressão é parcialmente receptiva, e é por meio desses ossos maravilhosos que você pode decifrar os seus outros ossos e, desse modo, se manifestar mais plenamente no mundo. Pois cada um dos ossos da mão foi programado pela sua alma com toda a sabedoria relativa à sua capacidade de expressão. Quando você torce as mãos e as esfrega, palma com palma, nos momentos de tensão, você está inconscientemente ativando esses ossos. Cada um deles contém informações anímicas que podem responder à premente questão: "E agora?" Quando você sacode as mãos, põe para fora a energia das decisões antigas de modo a poder escolher novas direções. E esses ossos conhecem todas as suas opções no que diz respeito à expressão. Os dedos trazem em si linguagem, música e sentido. Cada um deles é para você um meio radioso de manifestação. À medida que você passar a conhecer os seus dedos, saberá para onde se voltar em busca de inspiração. Esses ossos são a voz da musa interior da sua alma imortal.

Como sentir plenamente os seus ossos e o seu corpo inteiro

Você pode até pensar que o esqueleto é um símbolo da morte, mas na verdade os ossos são a fonte da vida em você. Agora mesmo, estando você sentado e lendo estas palavras, seu esqueleto está plenamente presente dentro de você.

Sinta os seus ossos, encha-os de luz azul e de vibrações. A cada dia, ao acordar e antes de dormir, disponha de algum tempo para aprender a ver e a sentir os seus ossos, o seu esqueleto, dentro e a partir de dentro. Durante o dia, ao se movimentar e ao caminhar, veja, ouça e sinta os seus ossos dentro de você. Conheça-os a todos intimamente e saiba que você foi plenamente programado pela sua alma, pelo seu Eu, com todas as informações de que precisa para caminhar pela vida plenamente presente, plenamente vivo, plenamente ciente, plenamente consciente, plenamente sensitivo.

Alegre-se nos seus ossos! Eles não são estáticos, não estão acabados. Embora símbolos da morte, os ossos são a porta da vida e da sabedoria. E não são codificados somente pela alma; antes, como pedacinhos de holograma, todos e cada um dos ossos do seu corpo armazena energia e informações a cada momento da sua vida, dormindo e acordado. Na vida assim como o serão na morte, os ossos constituem um registro vivo do seu ser. O profeta bíblico Ezequiel teve uma visão na qual todo um vale de ossos secos voltava novamente à vida. Quando entrarmos em contato íntimo com nossos ossos, eles serão para nós uma fonte constante de renovação. E se alguém, daqui a mil anos, apanhar qualquer um dos seus ossos e souber decifrar o que está codificado neles, essa pessoa será capaz de compreender o tom e o sentimento, o aprendizado e a sabedoria que você trouxe consigo a este mundo e acumulou ao longo da vida.

Os ossos são os continentes da alma no mundo da forma. Tão duros e tão densos, esses cristais interiores estão à espera dentro de você para iluminá-lo a cada momento. Constituem a matriz em torno da qual seu corpo é formado e continuam, ao longo de toda a sua vida, a alimentar os outros rios de informações que vivem dentro de você. Você aprendeu a conceber o cérebro e os nervos como duas partes separadas de um sistema único, sendo o cérebro a sede da consciência na sua cabeça, fornecendo e recebendo informações para os nervos que percorrem o corpo. Porém, a verdade é que cérebro e nervos são inseparáveis, e esse rio de consciência que flui através de todo o seu corpo é um todo único com o qual você pode aprender a se ligar. Sinta uma luz amarela derramando-se nesse rio que corre dentro do seu corpo, e vivificando-o da cabeça aos dedos dos pés. Enquanto isso, pronuncie o som *iii* num tom bem agudo. Sinta e veja a maneira pela qual o sistema nervoso introduz a profunda sabedoria dos ossos no momento presente, no mundo da encarnação – ligando toda a sua história ao mundo e permitindo-lhe movimentar-se nele de maneira consciente. Esse é o sistema fundamental de informação física que evoluiu desde os primeiros organismos vivos até a forma brilhante que existe dentro de você.

Há outro rio no seu corpo, o qual é mais fácil de conceber sob essa forma fluida, o sistema circulatório. Sinta agora esse rio no seu corpo, brilhando com uma luz vermelha intensa e cheio de vida. Sinta seu coração, suas artérias, suas veias e capilares, e todos os outros canais que transportam líquidos dentro de você. Volte os seus sentidos para dentro e sinta o sangue e os outros fluidos em todas as partes do seu corpo – um único rio em movimento constante. Utilize o som *ah* para ativar essa introversão sensorial. Alimentados pelos seus ossos desde dentro, o coração e o sistema circulatório transportam uma sabedoria que, ao contrário da sabedoria óssea, não é pessoal. Trata-se da própria sabedoria do coração pulsante do planeta. O sangue, a linfa, o líquido cérebro-espinhal, o fluido das articulações e os fluidos extracelulares do seu corpo contêm toda a história da vida no seu mundo, desde a sua origem na água. Quando você se aprofunda na consciência pulsante e líquida do seu corpo e entra em união com ela, começa a nadar no próprio rio da vida.

Os órgãos internos e as glândulas dão um tom diferente na sinfonia do seu ser atual, elevando-se como o restante do seu corpo, plenos da sua história ancestral. Preencha esses elementos do corpo com uma luz verde profunda e volte a atenção para eles. Trabalhe com o som *ooh*. Sinta como eles são protegidos e sustentados pelos ossos e alimentados e interligados pelo sangue e pelos nervos, dando voz à diversidade da vida na Terra. Os órgãos do aparelho digestivo são uma expressão da sua capacidade de assimilar o que é necessário e descartar o que não é essencial – e isso em todos os níveis. O fígado é o solo úmido da Terra, com seu gênio para a transformação; os pulmões são a essência das árvores. O sistema excretor e os órgãos urinários são a purificação da forma. As glândulas são reguladores internos. Quando você fizer contato com todos esses sistemas, vai aprofundar a sua capacidade de viver como um corpo.

Os músculos, tendões, ligamentos, fáscias e pele constituem outro rio de consciência. Preenchidos com uma rica luz cor-de-rosa, eles podem ser conhecidos por você. Use o som *aa*. Assim como os nervos dentro de você, eles constituem um sistema mediador – entre você e o mundo do tempo, do espaço e do movimento. Eles contêm dentro de si a sabedoria do movimento, da mudança e das ligações. São a face externa dos seus ossos, a parte de você que toca diretamente no mundo.

Os canais interiores dos meridianos, conhecidos pelos antigos orientais, também fazem parte do corpo. Sinta circular por eles uma suave luz prateada. Use o som *ee* num tom agudo. Esses belíssimos vasos condutores são a passagem entre os corpos sutil e físico, e são eles que controlam a sua energia desde antes do nascimento até a morte.

Esteja plenamente ligado ao corpo, vivo em cada uma das partes dele. Seja como a Terra, com cada rio fluindo pelas cavernas e montanhas dos seus ossos, sem separação entre os diferentes rios. Pois é isso que você é agora: essa unidade. É isso o que você é agora: uma alma imortal incorporada, encarnada. E quanto mais você estiver consciente do seu corpo, mais vai cumprir o seu destino enquanto alma, mais será capaz de participar da criação do paraíso na Terra. Os ossos constituem a estrutura. O corpo, o veículo. Você, o criador. Para todo o mundo, uma bênção.

7

O Despertar do Corpo Sutil

À medida que tomamos profunda consciência do nosso corpo físico, podemos começar a participar de modo ativo na evolução dele. Essa evolução não está separada da transformação global pela qual estamos trabalhando. Além do corpo físico, nós também criamos e possuímos um corpo sutil, composto de órgãos e condutos de um tipo muito diferente. Até mesmo a matéria de que é feito o corpo sutil é diferente da matéria atômica com a qual estamos familiarizados. As partículas dessa matéria são diferentes e obedecem a regras diferentes das obedecidas pelas partículas subatômicas que os cientistas descobriram no século 20.

O corpo sutil é o mediador entre a alma e o corpo físico. É por intermédio do corpo sutil que a alma codifica os ossos. Na verdade, nós possuímos dois corpos não-físicos, um menos denso que o outro, os quais coexistem com a nossa forma física e sobrevivem a nós depois da morte. Neste capítulo, vamos tratar desses dois corpos. Para tanto, usaremos informações que me foram transmitidas por Arrasu, por Tabbad e por Sargolais, meu anjo companheiro. Falaremos agora de temas cruciais para a nossa evolução na época atual.

* * *

A sensitividade — termo que nós, santos e anjos, usamos — é o ponto de contato entre a consciência física e a energética. No planeta

Terra, há dois povos que a possuem: os seres humanos e os cetáceos. No domínio da consciência total, cada povo incorpora a capacidade de receber diferentes faixas de freqüências da consciência cósmica.

Tudo o que existe tem consciência, embora nós não utilizemos essa palavra da mesma maneira que vocês. Para nós, não apenas os animais, as plantas e até mesmo as bactérias e os vírus têm consciência, mas também as rochas, a areia, a poeira, os átomos e as partículas subatômicas. À medida que a consciência vai galgando o mundo da energia e da matéria, ela vai se tornando capaz de receber e transmitir padrões de energia que nós chamamos de "informações". As criaturas dotadas de tal consciência existem num nível do ser a que nós, anjos, denominamos percepção, a qualidade do eu que os animais possuem. Quando a percepção continua a crescer ao redor da consciência, como a pérola em torno de um grão de areia, aparece o que nós, anjos, denominamos sensitividade.

A sensitividade tem vários atributos diferentes, um deles é a autopercepção, que se manifesta devido à evolução de certos órgãos do corpo sutil, órgãos que, como dissemos mais acima, fazem a comunicação entre os aspectos físico e energético do ser. Esses órgãos, os chakras, existem em outros animais, mas nestes o número de chakras é menor que nos cetáceos e nos seres humanos. Assim como um computador com mais *chips* pode operar num nível mais complexo, assim também uma forma de vida com um número maior desses órgãos será capaz de viver num nível mais complexo.

Uma espécie como a de vocês atingiu a sensitividade quando o chakra coronário despertou e o seu sistema de percepção evoluiu de seis para sete chakras. Desde há milhares de anos, os xamãs, místicos e curadores de todas as partes do planeta conhecem os chakras, estudam-nos, exploram-nos e trabalham com eles na cura. Entre vocês, muitos estão familiarizados com eles e com o rio do eu que eles criam no corpo.

> O chakra básico ou da raiz na extremidade inferior da espinha dorsal, concentra as energias da segurança, da sobrevivência e da fixação na Terra.

O chakra sexual ou abdominal, situado cerca de cinco centímetros abaixo do umbigo, está relacionado com a sexualidade, a fertilidade e a criatividade.

O chakra do plexo solar fica no abdômen superior. Sua função é a da vontade, do impulso, da concentração e da direção.

O chakra do coração fica bem no meio do tórax, na altura do coração. É a sede do amor e da intimidade.

O chakra da garganta, na base do pescoço, é o centro energético da comunicação.

O chakra do terceiro olho, ou da testa, localizado no meio da fronte, é a sede da intuição e das capacidades paranormais.

O chakra coronário, no topo da cabeça, é a fonte da consciência cósmica e da ligação com Deus.

Agora, nesta época, um novo grande chakra está começando a despertar. A semente desse novo chakra sempre esteve presente no ser humano, esperando pelo momento histórico certo para ser ativada. Quando esse órgão despertar em todos vocês, toda a sua espécie será unida energeticamente pela primeira vez, e vocês estarão prontos para começar uma nova viagem em direção a níveis superiores de percepção.

Esse novo chakra fica no meio do tórax, entre os chakras do coração e da garganta. É chamado por muitos nomes diferentes, como os de chakra do timo, chakra do alto coração, chakra do coração secreto e sede da testemunha. Você pode localizá-lo dois dedos abaixo da reentrância em forma de V na sua clavícula, exatamente na raiz do segundo par de costelas.

A função do chakra do coração é a de gerar o amor pessoal, a compaixão e a intimidade. A função do chakra do alto coração, ou do timo, é a de gerar, transmitir e receber as energias da paz, da alegria e da interligação global. O novo chakra faz parte de uma teia energética que acabará por interligar todas as pessoas no planeta.

É preciso de três a cinco anos para ativar plenamente o chakra do timo. Volte-se para dentro de si e sinta uma minúscula chama azul-esverdeada ardendo na parte superior do tórax. Sinta esse fogo azul e verde ardendo com mais intensidade. Faça o som vibrar no interior desse chakra. Sinta como ele irradia energia em direção ao timo das pessoas à sua volta. Sinta como ele se liga energeticamente a todas as pessoas que já despertaram esse chakra.

As novas perturbações do sistema imunológico, do qual a glândula do timo é um dos órgãos principais, estão intensificando em vocês a percepção dessa área do corpo. À medida que vocês forem despertando o chakra do timo, essas glândulas serão energizadas e fortalecidas. Isto lhes ajudará a lidar com as exigências cada vez maiores que se impõem ao sistema imunológico em função da intensificação dos desequilíbrios ambientais nesta época de transformações radicais no planeta.

Esse oitavo chakra está despertando agora porque vocês chegaram finalmente a um momento evolutivo em que estão preparados para viver em paz, em harmonia e em cooperação global. Aliás, as mudanças externas que vocês estão tentando realizar no mundo dependem, para se concretizar, de que toda a humanidade desperte o chakra do timo. Pois quando esse chakra estiver desperto em todas as pessoas, vocês saberão no próprio corpo que toda a humanidade é um só ser e que todos nós, encarnados e desencarnados, somos membros de uma única espécie sensitiva, herdeiros de um destino e de um mundo comuns a todos.

A evolução da humanidade não está separada da evolução dos chakras. Até agora, sete chakras bastavam para a sensitividade. Quando vocês adquirirem o oitavo chakra e outros ainda, novas opções lhes estarão disponíveis, opções que permitirão à sua espécie diversificar-se como os cetáceos o fizeram. Vocês estão caminhando rumo a uma época em que não só sete ou oito chakras, mas mais de doze chakras poderão funcionar nos corpos humanos. Como os automóveis, que vêm com os acessórios de linha e os opcionais, os oito chakras humanos serão "de linha" e os chakras suplementares serão "opcionais". Alguns vão decidir despertar todos eles; outros não vão despertar nenhum; outros ainda vão despertar alguns. Segue-se uma breve descrição dos principais novos chakras.

O chakra meso-abdominal localiza-se entre o umbigo e o plexo solar. A função desse chakra é a de integrar e ativar a sabedoria que tem por origem e destino a Terra. Esse chakra será a sede, em vocês, da vontade planetária. Os seres humanos que o ativarem caminharão pelo mundo como coordenadores de grupo, tendo as suas próprias células sintonizadas com os pensamentos e as necessidades do planeta. Esse chakra, uma ponte entre a criatividade e a fertilidade do chakra sexual e a vontade autônoma do indivíduo, vai moldar a vontade de tal modo que a guerra e a competição não serão mais possíveis entre os seres humanos. Aqueles que despertarem esse chakra serão guias energéticos do movimento, como os pássaros que voam na frente de uma formação. Eles não são os chefes do bando, mas sim, os guias móveis da sua vontade coletiva. Esse centro de sabedoria, quando desperto, vai determinar a diferença entre os líderes do futuro e os do passado. No futuro, todos os líderes seguirão organicamente a vontade do planeta que lhes deu origem.

A semente do próximo grande chakra se situa no espaço compreendido entre os chakras do plexo solar e do coração. Chamaremos esse novo chakra de chakra do esterno. Quando ele for despertado num indivíduo, este terá acesso às energias da ternura e do amor num nível mais profundo do que a humanidade jamais conheceu. Essa capacidade para a ternura não dependerá de a pessoa ser homem ou mulher, e será uma espécie de ligação diferente das que provêm dos chakras sexual, do coração ou do timo. A energia desse órgão faz bem às outras pessoas porque percebe e capta os padrões de manifestação destas. Não é uma energia hierárquica nem paternal/maternal. Também não é uma energia de amante. É a nova sede do amor na ação, o modo expressivo daquilo que vocês chamaram

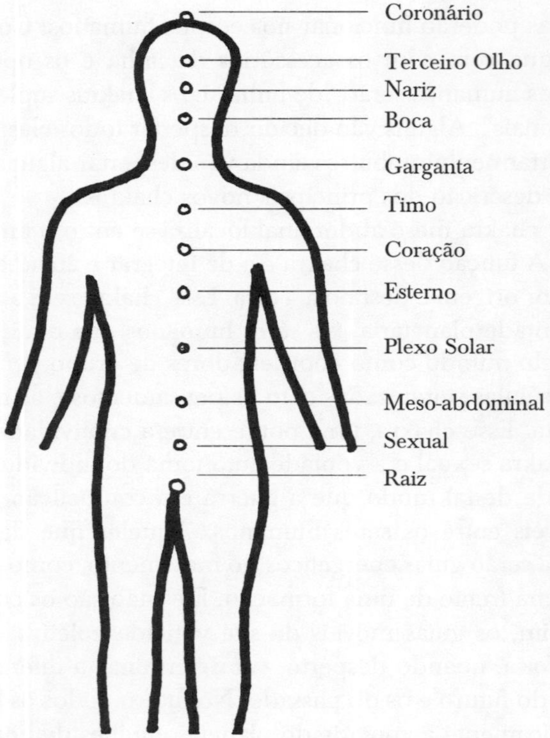

de compaixão. Aqueles que o despertarem serão principalmente dançarinos, atletas, trabalhadores manuais e outras pessoas profundamente ligadas à existência física.

Quem nunca ouviu falar do chakra da boca talvez pense que ele é um veículo de comunicação. No entanto, a função desse órgão potencial de sabedoria no corpo humano é diferente. A língua é um dispositivo sensorial que percebe o sabor, a temperatura e a textura. O chakra da boca, quando se abrir, terá capacidades semelhantes no nível energético. O novo chakra permitirá aos seres humanos que o ativarem receber e transmitir informações a respeito de padrões energéticos como o clima, por exemplo, e padrões emocionais que poderiam ser chamados de clima emocional. Vocês, de certa maneira, já fazem uso desse sentido quando sentem a energia num quarto ou em outra pessoa. Porém, esse tipo de sensibilidade se aprofundará e se manifestará plenamente no corpo por meio desse chakra. Aqueles que decidirem ativá-lo serão os radares da comunidade, provadores da energia. Esse chakra lhes permitirá perceber e falar a respeito de certos níveis do comportamento que hoje são totalmente desconhecidos.

O último grande chakra dentre os que vão despertar é o chakra do nariz. Ao ouvir essas palavras – *chakra do nariz* –, alguns vão sorrir ou rir. O nariz é um órgão ligado ao humor na maioria das culturas humanas, e o chakra ligado ao nariz será um veículo dessa luz e dessa energia divertida. "Siga o seu nariz", dizem vocês, indicando a capacidade de se orientar por instinto, como que pelo faro. Antigamente, esse chakra não estava adormecido nos seres humanos, mas a espécie de vocês decidiu desativá-lo no fim da Era Glacial para que vocês pudessem desenvolver o terceiro olho e outras áreas de percepção. Voltando a despertar esse chakra, vocês estarão recorrendo a níveis profundos de percepção que hoje lhes são desconhecidos, e esse processo será fácil, gostoso e prazeroso para todos.

Depois de ler este catálogo de novos chakras, passem algum tempo voltando-se para dentro de si mesmos e explorando o próprio corpo. Percebam dentro de si as leves vibrações energéticas que correspondem a esses novos chakras. Sentem-se tranqüilamente e voltem os seus sentidos para dentro, para contactar e conhecer as energias e informações que vocês vão adquirir quando eles despertarem. A evolução futura da humanidade está vinculada a esse despertar. Cada um de vocês, sozinho ou junto com outras pessoas, ao entrar em sintonia com esse novos chakras, fará acréscimos às capacidades sensitivas de toda a espécie humana e promoverá a evolução coletiva rumo à harmonia, à paz e à transformação planetária. Aqueles que começaram seus ciclos de encarnação neste mundo descobrirão esses chakras dentro de si. Aqueles que viveram em outros mundos poderão encontrar dentro de si ainda outros chakras, com um número ainda maior de capacidades inusitadas. Comemorem esse passo evolutivo. Ele é a porta que se abre para o futuro, vivo e resplandecente dentro de todos vocês.

Além do corpo sutil, que contém os chakras e a miríade de vasos que os ligam uns com os outros e com os meridianos do corpo físico, há um segundo corpo, não-físico, que todos vocês possuem, ainda mais sutil e ainda menos ligado ao corpo carnal. Este corpo tem órgãos diferentes dos do corpo dos chakras, e não é fácil senti-los no nível de consciência em que vocês estão atualmente. As infinitas fibras desse outro corpo penetram em todos os chakras e vasos do corpo sutil. Há, no entanto, uma característica particular desse corpo sutil *sutil* – uma característica à qual vocês já podem se abrir na época atual e que os ajudará a tomar mais consciência desse nível do seu eu maior.

Voltem-se para dentro e sintam a existência de toda uma rede de luz dourada dentro do corpo. Sintam-na inserida em cada parte do seu ser, tremeluzindo, mais fina do que a seda, mais fina que a delicada teia da aranha – e forte o bastante para durar eras e eras. Essas fibras douradas cintilam dentro do corpo físico, circulando dentro dele. Porém, há um conjunto de fibras que é capaz de se estender para além do corpo. As sementes dessas fibras ficam enroladas nos dois lados da sua coluna vertebral, nos espaços entre as vértebras. Voltem para lá a sua atenção. Sintam-se capazes de insuflar vida, energia e calor nessas sementes douradas, de modo que as fibras despertem, desenrolem-se e comecem a se expandir para fora, exatamente na forma de asas, para fora das costas e adejando, até chegar a mais de um metro de comprimento. Veja o desenho na página seguinte para localizar a posição das sementes e das fibras despertadas.

Esse corpo alado estabelece a comunicação entre a sua alma, que vive numa dimensão de não-espaço/não-tempo, e o corpo sutil

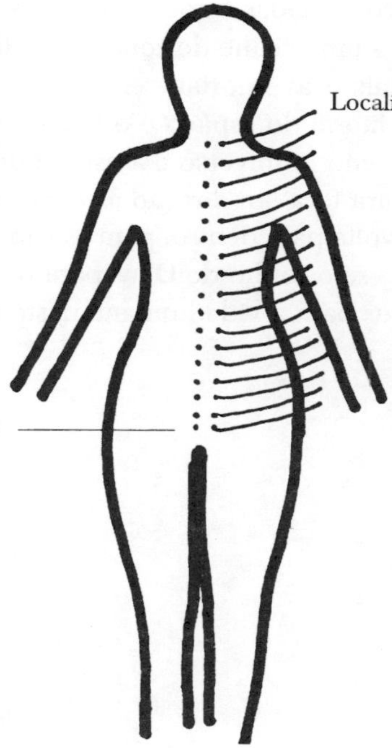

que vive no domínio do espaço/tempo fluido. Do mesmo modo, o corpo sutil com seus chakras estabelece a comunicação entre o corpo alado e o corpo físico, que está vivo e consciente no mundo do espaço/tempo linear que vocês conhecem como o universo. Sinta, com todos os seus sentidos internos e externos, as camadas coexistentes desse ser quádruplo, que é você:

alma

corpo alado

corpo sutil

corpo físico

Esse ser em quatro camadas é você em toda a sua plenitude, em toda a sua vitalidade – um oceano de consciência fluindo e refluindo entre as praias mortais e as imortais, entre o tempo e momentos intemporais, entre o litoral do espaço e o horizonte infinito. E tudo isso é você, grande como o universo e à espera de ser mapeado. O astronauta se volta para fora em direção às estrelas; quando você, à semelhança dele, se volta para dentro, para as camadas mais profundas do seu ser, realiza-se o sonho de Deus para os seres sensitivos, o grande sonho de Deus para a vida humana neste mundo.

8

Uma Jornada de Transformação

Há muitas maneiras de curar, muitas maneiras de mudar e de crescer – religiosas, filosóficas, coletivas e pessoais. Mais do que qualquer outra comunidade não-confessional, as associações de Doze Passos mudaram a nossa maneira de viver no mundo. Talvez você não se considere um membro dessa comunidade; porém, desde a sua fundação, em 1935, os Alcoólicos Anônimos e os grupos que deles nasceram – Al-Anon, OA, Na, ACOA e outros mais –, sem cobrar nada, sem financiamento governamental e sem eleição de corpo diretor, têm sido uma fonte de consolo, de cura, de esperança e de renovação para os seus membros, e têm levado à consciência do público diversos assuntos a respeito dos quais não se costumava comentar, assuntos que vão desde a dependência química até os maus-tratos físicos, emocionais e sexuais.

Muitos sabem que os AA foram fundados por dois alcoólatras, Bill W. e o dr. Bob. Poucos, no entanto, conhecem a história do Ser de Luz que apareceu para Bill W. Quando ele estava às portas da morte numa clínica de reabilitação, um ser que o ajudou a dar uma virada em sua vida. Desse modo, por trás do trabalho dos AA e de todas as associações daí derivadas, os anjos também estiveram em campo como parceiros silenciosos. Os fundadores dos AA tomaram muito cuidado ao falar de Deus e das suas experiências místicas. Atualmente, é mais fácil falar sobre a espiritualidade.

Há livrarias inteiras dedicadas ao assunto, e até cursos universitários que fornecem orientação espiritual. Assim como o mundo mudou, mudaram também os processos de cura que podemos utilizar, num desenvolvimento que cresceu a partir dos fundamentos lançados pelos criadores dos AA.

Neste capítulo, que foi ditado por Arrasu e Sargolais, você encontrará informações a respeito da transformação pessoal para a era vindoura, as quais giram em torno de dez passos que todos podemos dar em nossa caminhada. Esses passos não substituem os doze passos dos AA, mas podem ser aplicados por qualquer um em sua jornada espiritual. Talvez você não se considere uma pessoa necessitada de reabilitação, mas quando olhamos à nossa volta para o mundo que criamos – para as guerras, os crimes, as drogas, a poluição – não há como negar que todos precisamos nos curar dos excessos, dos abusos e das limitações de uma civilização moribunda. O que se segue é um caminho, um dentre muitos outros.

✳ ✳ ✳

Lembre-se: você tem poder

Houve época em que as pessoas honravam a todos aqueles que nasciam em sua família e sua tribo. Todas as mulheres eram honradas por sua sabedoria, e todos os homens também; os cegos eram honrados e também os mudos – pelos seus talentos especiais, diferentes dos de qualquer outra pessoa, o que representava um acréscimo à vida e à riqueza da tribo. Pessoas a quem chamaríamos de deficientes ou de inválidas, mental e fisicamente, eram honradas e estimadas pela ternura, pela sabedoria especial e pela compaixão que traziam consigo. Os homens que amavam homens eram honrados pelas suas capacidades especiais, assim como as mulheres que amavam mulheres. Desse modo, havia linhagens, por exemplo, de anciãos surdos e de anciãs lésbicas, que conheciam a sua própria sabedoria e eram capazes de ensinar os jovens da geração seguinte a aprofundar-se na deles, para a realização pessoal de cada qual e para o bem de todo o povo.

Houve época em que as pessoas honravam a todos aqueles que nasciam em sua família, que nasciam em sua tribo. Isso foi há muito tempo, no fim da última Era Glacial, antes que nós, enquanto espécie, escolhêssemos o caminho no qual nos encontramos agora, um caminho de separação e de diferenciação. Nós, enquanto espécie, escolhemos esse caminho para promover a nossa própria evolução; no entanto, embora tenhamos crescido nesse caminhar, grande parte da viagem se passou na dor e no medo. Estamos chegando ao fim dessa viagem; estamos decidindo, enquanto espécie, por um outro caminho. Estamos entrando agora numa era em que ninguém mais vai aprender a partir do medo e da dor, mas só a partir do amor e da alegria; e juntos estamos criando essa nova era de plenitude.

Naqueles dias, todos eram honrados por ser o que eram. E eram reconhecidos desde a mais tenra infância; seus dons eram reconhecidos desde a infância, e desde a infância os seres se submetiam à tutela dos videntes, dos curadores e das xamãs que eram mais idosos que eles. Eram reconhecidos e aprendiam a pôr os seus dons e as suas capacidades a serviço de todas as pessoas. E estamos entrando numa época em que o mundo será novamente assim, em que os dons de cada um serão reconhecidos, direcionados e honrados. O conhecimento desses antigos tempos está embutido na nossa estrutura genética. As expectativas daqueles tempos estão gravadas no corpo de cada um de nós. E você também pode reconhecê-las em você mesmo. Por isso, leia estas palavras com calma, num lugar retirado onde ninguém o perturbe. Deixe que as palavras penetrem profundamente no seu corpo e na sua consciência.

Como peregrino numa jornada de cura e de transformação, creia e saiba que, nos velhos tempos, os seus dons inatos seriam reconhecidos — nos tempos que precederam o atual ciclo histórico. Saiba que você teria sido amado desde a infância pela sua natureza essencial, e ensinado pelos mais velhos a se aprofundar nas suas próprias capacidades e na sua própria sabedoria.

Saiba disso e lembre-se disso. E sinta também a dor e a tristeza que há em você — pois nesta vida, quando você era criança, ninguém o reconheceu, ninguém viu a sua beleza e os seus dons, ninguém o ensinou a usá-los, embora você os afirmasse e procurasse explicá-los a todos da melhor maneira possível, esperando que os seus mestres aparecessem.

Respire estas palavras e saiba que você pode vencer a dor e a tristeza. Você não teve anciãos na infância, não teve quem lhe ensinasse a ser o que você é. Mas virá novamente um tempo em que as crianças serão honradas e reconhecidas. E, graças ao tanto que já caminhou, você será um dos que ajudarão a criar esse tempo para as gerações futuras.

Sinta a dor que você ainda carrega dentro de si. Saiba que você pode libertar-se dela. Pode libertar-se da culpa, libertar-se do medo, libertar-se da raiva, libertar-se da vergonha, libertar-se da censura, libertar-se da dúvida. Sinta essas máculas no seu corpo, sinta-lhes a forma, o tamanho e a textura, sinta onde elas se localizam dentro de você. Então, expire-as com cada exalação. É você mesmo que cria o seu caminho rumo à plenitude. Ele vai durar o quanto for preciso. Mas você pode trabalhar com o seu corpo a fim de se libertar dos velhos fardos que ainda carrega a cada respiração.

Agora, aprofunde-se dentro de si, indo além da antiga dor e do antigo medo. Aprofunde-se no seu coração, nos seus sonhos. Sinta as suas visões, os seus dons. Sinta onde se localiza, dentro de si, a sua antiga sabedoria. Sinta onde ela se arraiga na sua mente e no seu corpo. A cada respiração, aspire a luz dourada do seu corpo alado para aquecer e vivificar os lugares em que vivem os seus sonhos, a fim de que eles se expandam para todas as partes de você até impregnar todo o seu ser e preencher cada uma das suas células.

No passado, havia anciões e mestres. Porém, na época atual, neste fim de século e início de um novo milênio, a imensa maioria das pessoas veio ao mundo sozinha, começou a sua caminhada sozinha. Fizeram isso para pôr-se à prova, para temperar a alma à medida que esta se manifestava no mundo da forma. Venceram uma longa seqüência de perigos e aqui estão hoje, curando e plenificando-se, plenas e novamente donas do seu poder, como um dom para o mundo inteiro e como guias para ensinar e fazer crescer todos os que as seguirem. Pare por um momento e saiba que tudo o que você fez serviu para manifestar o seu poder. Sinta as antigas dádivas que você leva bem no fundo das suas células. Respire, encha de energia o seu ser e levante-se orgulhosamente. Você pôs à prova a força da sua alma – e passou no teste.

Os sonhos de todos nós

O sofrimento coletivo da nossa espécie nos levou à sabedoria. A tristeza coletiva da nossa espécie criou em nós uma grande compaixão. Os males coletivos da nossa espécie nos ensinaram a amar. Tudo o que fizemos enquanto espécie, decidimos fazer num nível anímico. Todos nós já vivemos em diferentes tempos e lugares. Cada um de nós já foi vermelho, amarelo, negro e branco, mulher e homem, escravo e senhor, sábio e tolo, heterossexual e homossexual. A alma não tem sexo, não tem pátria e não tem raça. Foi a coletividade das almas da Universidade da Terra que modelou a nossa evolução enquanto espécie. E juntos aprendemos com nossos males, aprendemos com nossas feridas, assim como uma criança que põe uma das mãos no fogo aprende a não fazê-lo de novo, aprende a dar ao fogo o devido valor. Isso nos deixou sábios e compassivos, amorosos e fortes. Agora a nossa espécie está decidindo por um novo rumo, e o seu ser faz parte da nossa transformação. O caminho que você trilha faz parte da nossa cura.

Na caminhada rumo à alegria, viremos a compreender que tudo o que nos acontece tem algo a nos ensinar, e que nenhum ato nosso é errado. Tudo pode nos levar a aprender. E, quando aprendemos, nós possibilitamos a existência de um mundo no qual não teremos de aprender com a dor, porque já teremos extraído dela tudo o que ela pode ensinar. Nesse mundo futuro, todas as crianças serão reconhecidas já na infância e não precisarão caminhar sozinhas. Lá haverá anciãos como você para educá-las, apoiá-las e ensinar-lhes a confiar cada qual em sua visão e utilizá-la para o bem de todos. Isso porque, assim como todo músculo, os músculos da visão precisam ser formados e exercitados. Quando isso acontecer, eles nos farão dar um grande passo rumo ao futuro.

Sinta a sua força. Volte à infância e lembre-se dos seus primeiros sonhos, das suas primeiras visões. Lembre-se do quanto você é sensível e aberto. E celebre essas qualidades como dons que você tem, como elementos da sua força, como eflúvios do seu poder.

Olhe profundamente dentro de si mesmo e saiba que você veio a esta vida para fazer mudar a sua família, você veio a esta vida para fazer mudar o mundo. Não havia ninguém para ensiná-lo a utilizar as suas visões e capacidades. Talvez essas visões e capacidades tenham assustado a você e sua família. Não havia ninguém para pegar no colo e alimentar a criança visionária que você era. Sinta a sua criança interior e ponha-a no colo do seu sábio e amoroso ancião interior. Seja você mesmo o melhor professor da sua criança interior; dê a si mesmo todo o seu apoio. Ame essa criança interior exatamente como ela é – machucada, mas sábia e amorosa. Saiba que, nesta época, você teve de ser o seu próprio guia, o seu próprio mestre, e fez o melhor possível para cultivar seus próprios dons.

Respeite a semente do seu ser. Respeite o caminho que você vai poder trilhar quando aceitar a verdade de quem você é e parar de viver segundo as mentiras que lhe contaram, ou que você contou para si mesmo a fim de tentar descobrir quem era. Lembre-se dos seus sonhos e registre-os em palavras e em imagens. Lembre-se dos seus sonhos, pois eles pertencem a todos; lembre-se tanto dos sonhos que você tem durante a noite como dos sonhos que você sonha durante o dia.

Antes, os pais costumavam pensar que os bebês eram como massas de argila, à espera de quem lhes imprimisse uma forma e um modelo. Porém, cada qual veio a este mundo para ser quem ele é. Não precisa ser moldado, precisa ser apoiado e orientado para confiar no próprio ser, na pessoa que nasceu para ser. E a sua caminhada de recuperação tornará possível um novo mundo. Pois, assim como os seus sonhos pertencem a todos, o trabalho de cura que você fez também foi feito para todos. Pois você é cada ser humano. Quando você dá a esse fato o devido valor, e quando dá valor à sua natureza interior, torna-se capaz de caminhar pelas estrelas – sem precisar tirar os pés do chão.

Dez passos para a transformação

Lao-Tsé, antigo sábio e conselheiro da Universidade da Terra, disse que a caminhada de mil milhas começa com o primeiro passo. Se você girar o corpo e olhar para uma nova direção, onde quer que você esteja, poderá começar imediatamente uma nova caminhada, dar um passo numa nova direção. No passado, nós, anjos, oferecemos a vocês doze passos de trabalho na caminhada rumo à cura. São apenas doze passos dentre muitos na viagem em direção ao eu. Os Dez Passos que apresentamos aqui foram planejados para levá-los a outra parte da floresta da consciência. Para alguns, eles se somarão aos familiares Doze Passos. Para outros, serão uma viagem totalmente nova. Num ou noutro caso, à medida que você os seguir, eles vão levá-lo a uma terra além dos poderes superiores e inferiores, a um lugar onde há um poder – o amor – do qual uma faísca se irradia de cada coração.

Passo um

Saiba nos seus ossos, no seu coração, no seu corpo e na sua mente que você é um ser poderoso, capaz de governar a própria vida em harmonia com a sua alma e com Deus e em conjunto com os membros das comunidades que você escolheu.

Comece a escrever um diário, para registrar os passos que você der na caminhada e poder depois lembrar-se dos enganos por onde passou. Atente para as mudanças que você tem feito em sua vida. Respeite e celebre essas mudanças. Comece cada dia reservando um tempo para sentir que você é um ser de amor; que você está crescendo, mudando e se aproximando cada vez mais da essência de amor que permeia o universo.

Passo dois

Percorrendo o seu caminho espiritual, perceba que tudo o que você fez foi essencial para a sua caminhada em direção ao Espírito; tudo partiu de uma decisão muito profunda e fez parte do processo de manifestação da sua alma.

Acaso você seria quem você é sem a caminhada que empreendeu, sem a escuridão, os horrores, o medo? Saiba que foi a sua própria alma que criou essa caminhada, para que você pudesse aprender tudo o que precisa para se tornar mais plenamente você mesmo. Sinta todos os seus sentimentos e pergunte-se de que modo cada coisa que lhe aconteceu, por mais dolorosa que tenha sido, foi também um mestre perfeito que lhe ensinou exatamente o que você precisava aprender na época.

Passo três

Lembre-se de que cada momento é uma nova criação e tem algo de novo a lhe ensinar. E agora, em cada momento, você está pronto para aprender pela alegria. Vá sorvendo-a em pequenos goles, deixando-a transmutar o seu corpo até que esteja pleno e transbordante de alegria. Então, poderá tomar suas decisões a partir do coração, com lucidez e conhecimento das circunstâncias, e cada momento da sua vida será uma nova oportunidade de celebração.

Cada refeição pode ser um banquete cheio de alegria, cada reunião de amigos pode ser uma festa. Por baixo da sua dor, o milagre da vida está à espera de que você o perceba. Aprenda a fazer coisas boas para si todos os dias, coisas que não custam dinheiro, que alimentam sem que você tenha de ingerir nada. Celebre as flores, os pássaros, as nuvens, o sol, o vento e a chuva. Canções, danças, poemas, preces, riso, silêncio, partilha – eis algumas das maneiras apropriadas de expressar gratidão, de comemorar com a alma inteira. Já faz tanto tempo que nós aprendemos pelo sofrimento que o nosso corpo se desacostumou da alegria. Porém, a cada dia, podemos hauri-la cada vez mais, transmutando nossas células até deixá-las repletas dela.

Passo quatro

Além de aliviar a dor e de curar as suas feridas falando a respeito delas com amigos, na terapia ou em grupos de recuperação, vocês podem começar a trabalhar com o corpo – por meio de massagens, movimentos, trabalho sobre a respiração, tratamento com ervas, ou qualquer outra modalidade que lhe pareça segura – com profissionais sábios e bem fundamentados, para descobrir e libertar-se dos bloqueios e traumas que ainda permaneçam no seu corpo físico e no seu corpo sutil.

Comece o dia se massageando, sentindo a sua respiração. Visualize raízes descendo da parte inferior da sua coluna vertebral e das plantas dos seus pés, ligando-o com a Terra a todo momento, fixando-o no seu corpo e na sua vida cotidiana. Você é uma alma que decidiu viver na corporeidade. Use a sabedoria curativa de outras pessoas para ajudá-lo a ancorar-se na terra e a estar sempre presente. Saiba que essas pessoas estão aí para curá-lo, para religá-lo com a sua própria capacidade de cura.

Passo cinco

Você não é apenas essa mente e esse corpo; por isso, pode decidir explorar as suas vidas passadas e as informações que leva consigo no nível anímico, e começar a fazer o trabalho necessário para vir a possuir e utilizar essa sabedoria na vida cotidiana.

Fique atento aos ecos do seu passado, os curiosos gostos e desgostos que parecem não ter nada que ver com a sua educação ou a sua história. Fique atento àquela parte sua que sempre soube que você é muito mais do que aquilo que é agora. Prossiga nessa caminhada lentamente, sem ferir o ser que você é no momento presente. Você não precisa forçar. Abra-se à caminhada e deixe que ela mesma o ensine. Outros estarão presentes para lhe dar apoio – livros, mestres, curadores, amigos novos e velhos. Lembranças lhe virão em sonhos e visões.

Passo seis

Procure as pessoas que acrescentaram algo à sua vida e expresse-lhes a sua gratidão por elas terem lhe ajudado quando você precisou da sabedoria, do amor, da ternura e da força delas. Preste homenagem também àquela parte de você mesmo que deu ajuda a outras pessoas, e não tenha medo de receber a gratidão delas se elas lhe expressarem essa gratidão.

Cada um de vocês leva consigo amor e sabedoria para o bem de todos. Um sorriso no momento certo pode ter profundo efeito terapêutico. E você, na maioria das vezes, se esquece de agradecer pelos dons recebidos das pessoas ao redor. Uma carta queimada pode cumprir a função de um "muito obrigado" espiritual àqueles que morreram ou que você não conseguiu encontrar. Um telefonema, uma carta escrita com o coração, são um "muito obrigado". Cultive a gratidão no jardim do coração, e aprenda a recebê-la quando ela lhe for oferecida.

Passo sete

Os corpos de todos os seus seres humanos estão interligados numa rede energética. Desperte o seu chakra do timo para sentir a ligação que existe entre você e toda a humanidade, e a cada dia saia para o mundo sem se desligar da alma.

O chakra do timo é a pérola de grande valor pela qual todos vocês estão procurando. Quando ele estiver desperto em todos vocês, ninguém jamais se sentirá sozinho novamente. Ligados numa teia energética, vocês se tornarão o messias coletivo pelo qual estiveram esperando, ungidos de luz divina logo acima do coração. Pois todos vocês vieram ao mundo com sabedoria, e toda a sabedoria é necessária para curar o mundo. Vocês vieram ao mundo como flocos de neve, cada qual único e singular, todos puros e cintilantes.

Passo oito

Você tem, no mundo, a companhia de muitos seres, tanto encarnados quanto desencarnados. Abra-se a todos os que vivem aqui, tomando-os como guias e companheiros; abra-se igualmente à orientação dos santos e dos anjos. Você nunca está sozinho. O universo está sempre pronto para se revelar a você.

Sempre há seres animais e vegetais prontos a orientá-lo; os antepassados, os santos e os anjos também estão com você. À medida que você for se abrindo à sua essência maior, vai poder senti-los, ouvi-los e falar com eles de maneira mais consciente; vai poder criar junto com eles num nível cada vez mais profundo. Durante muito tempo, os seres humanos agiram contra o mundo em vez de agir junto com ele. Abrindo-se a todas as formas de vida, você aprenderá a viver e agir em harmonia com elas e com o próprio planeta. Aprenderá a encontrar a sua alegria nas ligações e não nas posses, na dança e não na destruição.

Passo nove

Você nunca esteve separado de Deus. O amor e a felicidade divina constituem o solo de todo o ser, a fonte da verdadeira natureza que você nasceu para manifestar no mundo. Por meio da prece e da meditação, você mesmo vai sentir isso. A cada dia, orgulhosamente, agradeça a Deus, a seu modo, por ter criado você, um filho do universo.

A celebração leva à gratidão e a gratidão leva à alegria, à união, à reunião. Descubra o que você pode fazer para sentir a Unicidade de Tudo o Que É. Sinta em você mesmo e no universo. Saiba que um graveto faz parte da Unicidade tanto quanto uma estrela. Seja essa a sua prática espiritual: sentir Deus em tudo e sentir a Unicidade em você mesmo.

Passo dez

Reparta a sua beleza, o seu amor, a sua sabedoria, a sua alegria e a sua bondade com toda a humanidade, com tudo o que vive neste planeta, com o próprio planeta, com o Universo e com Deus, em cada palavra e em cada pensamento da sua vida, na vigília e no sono. Deixe que a sua alegria se espraie em ondas sobre o mundo em ações concretas, a cada dia, da maneira que lhe parecer a mais adequada, que ajude a criar o paraíso na Terra.

Todos vocês estão numa jornada de transformação. Cada pessoa viva no mundo atual faz parte dessa jornada. Cada um de vocês tem um papel diferente a desempenhar. Quando reconhece o Divino em tudo e em todos, você promove a transformação. Procure sentir a vida que pulsa no Pai/Mãe terra. Saiba que o seu ser, o seu agir e o seu crescer na alegria fazem parte do desdobramento dos sonhos e das visões do Criador. Comemore. Partilhe a sua alegria. Pois muitos pensam que uma jornada espiritual é coisa passiva e solitária. Mas jornada espiritual é algo que acontece dentro de uma comunidade, algo a ser expresso não apenas em pensamentos e preces, mas também, em última análise, em todas as suas ações.

A criação do paraíso na Terra

Se você já está numa caminhada espiritual, então sabe, graças à experiência, que mudar a sua vida não é tarefa impossível. Em comunidade, você já viu outras pessoas realizando heroicamente o mesmo trabalho. Se você faz parte de um grupo de meditação ou de prece, se está em terapia ou em reabilitação, então já faz parte do movimento pela mudança que está tomando conta do nosso planeta. E agora chegou a hora de você tomar posse dos seus dons interiores e começar a fazer parte da viagem de transformação global que todos estamos empreendendo. Praticando esse Dez Passos, você vai poder aprofundar o seu compromisso com a cura. "Deus não nos quer perfeitos", nós anjos dizemos a vocês. "Ele nos quer presentes." Isso vale para os santos e para os cetáceos, para os anjos e para os seres humanos. À medida que for tomando posse dos seus dons, você se tornará cada vez mais presente — presente no seu corpo, presente na sua vida, presente no mundo.

Imaginem um mundo onde cada pessoa se dedica conscientemente a curar-se dos maus-tratos e do medo, da discriminação dos idosos e do racismo, do sexismo e da homofobia; a recuperar-se de conflitos étnicos, regionais e religiosos; e, no âmago disso tudo, a recuperar-se do sentimento de que nós estamos separados do nosso Criador.

Houve época em que os xamãs, os videntes, os visionários e os sonhadores de mundos eram honrados e respeitados por todas as pessoas. Havia quem lhes ensinasse a usar seus dons para o próprio bem e para o bem de toda a humanidade, em harmonia com o planeta e com o cosmos. Se você está numa jornada espiritual, leva dentro de si as sementes da transformação de que toda a Terra precisa neste exato momento. O ar, a água e o solo de que vocês dependem estão precisando de cura. Os cientistas e os políticos não têm a cura. Mas você, que já transmutou a sua vida, já tem acesso ao amor interior, à sabedoria interior e ao poder interior que permitem a realização de coisas notáveis. Tome posse do seu poder, das suas visões, dos seus dons. Juntos, poderemos criar um paraíso na Terra. Juntos, poderemos criar o mundo que sabemos ser possível. Juntos, poderemos todos viver os nossos sonhos mais profundos, em harmonia com todas as formas de vida e em harmonia com o sonho do nosso Criador – o sonho que deu nascimento a todos nós.

9

Passos Iniciais da Morte Consciente

Não podemos falar a respeito da nossa história com toda a sua riqueza, das dádivas que a corporeidade nos proporciona ou da sabedoria embutida nos ossos sem falar igualmente a respeito de outro aspecto da vida humana – a morte.

Este capítulo poderia também ser chamado "A Porta para o Re-morrer", pois se já vivemos muitas vidas, isso significa que todos nós já morremos antes, também muitas vezes. Ao longo de grande parte da história humana, a expectativa de vida era breve. Os jovens morriam nas guerras, as jovens morriam no parto, e as taxas de mortalidade de bebês e crianças eram altas. Cada vida e morte, na sua rápida sucessão, constituía mais um oportunidade para a alma tocar na corporeidade, sentir-lhe o gosto, aprender com ela e, em seguida, morrer novamente, reorganizar-se, absorver essas informações e trabalhar com elas na Universidade da Terra incorpórea, para então, mais uma vez, se encarnar.

Ainda há lugares neste planeta onde a expectativa de vida é baixa, mas em outras regiões um número cada vez maior de pessoas está vivendo cada vez mais tempo. Em vez de ter de morrer fisicamente para nos reorganizar, estamos todos aprendendo a morrer e renascer na mesma vida física. Essas muitas mortes pequenas, e a morte menor que nos acontece todas as noites, quando a mente fica livre para vagar pelo universo junto com a alma – todas elas nos permitem praticar o que eu chamo de re-morrer, de modo a sermos capazes de vencer a grande morte quando ela chegar.

A morte faz parte da vida. Os anjos comparam-na com a assinatura floreada que um grande pintor deixa no canto do quadro que ele acaba de pintar. Toda entrada num corpo termina desse mesmo jeito. Mas nós passamos a ter medo da morte, a ver a morte como uma inimiga da vida, em vez de reconhecê-la como o ponto culminante desta. Neste capítulo, veiculado por Tabbad e Arrasu, você terá uma oportunidade de olhar de maneira diferente para a morte e o re-morrer. Quando você se lembra de que não apenas já viveu antes, mas também já morreu antes, torna-se capaz de trazer para o único evento inevitável da vida, comum a todos nós, uma consciência e uma lucidez que lhe permitirão voltar para a Universidade da Terra e para os seus amigos e mestres que lá estão, não cheio de tristeza e de uma sensação de perda e de malogro, mas com alegria e satisfação e um sentimento de plenitude vindo do fundo da alma. A morte não é algo a ser temido nem negado, mas sim o supremo orgasmo da vida, o mais pleno "sim" que o ser humano pode exclamar.

* * *

Todos vocês morrerão. Todos vocês são parteiras para os moribundos. A morte lhes mete medo. Na época em que vocês vivem, o nascimento não é mais tão mortal quanto costumava ser. Porém, até muito recentemente, e ainda hoje em muitas partes do mundo, tanto a taxa de mortalidade neonatal como a de mortalidade materna são muito altas. O nascimento e a morte tocam-se estreitamente. Hoje, o que mais se teme é a dor. Mas o nascimento é como colocar o Oceano Atlântico numa garrafa de refrigerante, e a morte é como quebrar a garrafa. Qual deles vocês acham que é mais difícil?

Na busca de estar plenamente dentro do corpo, não se pode deixar de falar a respeito da morte. A sua alma é imortal, mas o seu corpo, não. Se você está num caminho espiritual, é fácil dizer: "Por que chorar? Mamãe ainda está viva em algum lugar." Isto é verdade, mas não é a plena verdade. O fato é que você conheceu a sua mãe como um corpo, e os corpos sentem a perda de outros corpos. Você não pode escapar da tristeza pensando apenas que ela foi para outro lugar.

Quando se tem conhecimento a respeito da morte, é mais fácil deixar de temê-la. Se você está plenamente vivo no seu corpo, não precisa criar a doença ou o sofrimento a fim de sair dele. Quando alguém se sabe capaz de morrer conscientemente, pode abandonar a encarnação de maneira muito diferente.

A morte é a separação entre os corpos sutis e a alma, de um lado, e o corpo físico, de outro. Ela pode acontecer devagar – tão devagar que se torna quase impossível demarcar um momento no tempo em que a pessoa passa da vida para a morte. Pode-se também morrer num instante, por acidente ou intencionalmente. No nível da alma, toda morte resulta de uma decisão. Pode não ser isso que você sinta conscientemente no corpo físico ou mesmo nos corpos sutis, mas a morte é sempre conhecida e escolhida pela alma.

Antigamente, as pessoas sabiam como morrer conscientemente. Os animais ainda o sabem. Eles se afastam, sozinhos, e se desprendem quando chega a sua hora. Porém, a fim de progredir mentalmente, a humanidade, muito tempo atrás, decidiu abandonar muitos tipos de comportamento instintivo, e uma das muitas capacidades que a maioria de vocês "perdeu" foi a da morte consciente.

Os corpos sutis são compostos de um tipo de matéria diferente da do corpo físico, e não estão sujeitos às mesmas regras de existência no espaço/tempo obedecidas pelo corpo físico de vocês. Eles existem num tipo diferente de espaço, não-linear, assim como existem num domínio de tempo muito fluido. Para ir daqui para lá, eles não precisam passar por todos os pontos intermediários. E para chegar do agora até outra ocasião, não precisam passar por todos os dias que medeiam entre ambos. Antes de você nascer, sua alma entreteceu os corpos sutis no corpo físico por meio de um processo de "desaceleração", de modo que eles pudessem operar segundo as leis da realidade tridimensional.

Os bebês choram quando se vêem "atolados" na matéria. Leva tempo para eles se acostumarem com ela. No entanto, nos sonhos, a sua alma pode vagar livre por algum tempo, como acontece também em certos estados alterados de consciência, deixando somente fibrículas a ligá-lo ao corpo até sua volta.

Se você imaginar a alma como um motorista, os corpos sutis como as roupas deste e o corpo físico como um automóvel, o nascimento é comparável ao afivelar do cinto de segurança, com o que o motorista ancora o seu Eu no veículo. Morrer é tirar o cinto de segurança e sair do automóvel. Mas você está com os "cintos presos" em cada chakra, maior ou menor. Portanto, é preciso tirar o cinto de cada um deles.

Quando as pessoas ainda sabiam fazer isso, havia cânticos que elas recitavam para quem queria morrer ou estava morrendo. Esses cânticos se assemelhavam àquela canção sua: "O osso do pé está preso no osso do tornozelo; o osso do tornozelo está preso no osso da perna." Começando pela parte mais baixa, elas subiam, trabalhando cada um dos chakras. Quando os corpos sutis estavam completamente desenredados do corpo físico, a pessoa podia passar diretamente para o reino dos espíritos. Sempre que você morre, é isso que você faz, conscientemente ou não. Mas como seria bom ser capaz de fazê-lo conscientemente, como um ginasta – poder sair do corpo com facilidade quando a vida lhe parecer completa, quando você sentir que chegou a hora certa!

Cada chakra, secundário ou principal (com exceção do chakra do coração, que será discutido mais tarde), está ligado ao corpo físico em oito lugares diferentes. Portanto, cada chakra deve ser desatado oito vezes do corpo físico. Para visualizar isso, você pode imaginar cada chakra como uma esfera com fios ligados a ela. Visualize cada chakra como um globo, com um conjunto de fibras no pólo norte, outro no pólo sul, quatro conjuntos no equador, em cada uma das quatro direções, e um conjunto no próprio centro do globo. O oitavo conjunto é difícil de ser visualizado. Você tem de aceitar que ele existe, mas numa outra dimensão, e que quando estiver preparado para morrer você se verá num estado de percepção no qual não terá dificuldade nenhuma para encontrá-lo.

Começando com os chakras secundários, nas palmas das mãos, nos pés e nas articulações você deve tomar cada um em separado e "desatar" oito vezes as fibras que o ligam ao corpo físico. Numa morte "acidental", todo esse processo de desatamento acontece num instante. Todos os fios se cortam de uma só vez. Lembre-se, eles não existem no espaço/tempo linear. Na morte consciente, você pode desatá-los um por vez, deliberadamente.

Há muitas camadas no corpo sutil dos chakras. Às vezes, até mesmo durante a vida, uma dessas camadas pode se desprender das outras. É isso o que acontece no autismo e em outros tipos de doenças mentais. Também pode acontecer na hora da morte, quando se cria aquilo que vocês chamam de fantasma devido ao fato de uma camada, ou mais de uma, se desprenderem do restante do corpo sutil. Esse desprendimento sempre resulta de um trauma.

O núcleo vertical dos chakras maiores é o principal eixo de organização do corpo espiritual do ser humano. Conheça-o bem. Sinta-o enquanto você ainda está vivo, estendendo-se do chakra da raiz até o coronário. Saiba encontrá-lo no escuro. Sinta como ele se prolonga para cima e para baixo do seu corpo físico. Saiba, além disso, que todas as camadas do seu corpo sutil estão elegantemente dispostas ao redor desse eixo, como as camadas de uma cebola. Não separe essas camadas umas das outras. Esse é um trabalho a ser feito quando você tiver voltado à Universidade da Terra.

O ponto de ligação mais importante entre o corpo físico e os corpos sutis é o chakra do coração. Ao passo que todos os outros chakras estão ligados ao corpo físico oito vezes, o chakra do coração está ligado a ele quatorze vezes, em muitas outras dimensões. Essas dimensões não podem ser explicadas agora de maneira que o seu cérebro físico seja capaz de compreendê-las. Porém, na hora da morte, você as compreenderá, e será capaz de ver os quatorze nós que precisam ser desatados. Desse modo, trabalhando de baixo para cima e desatando os chakras em seqüência, pule o chakra do coração e prossiga direto ao chakra seguinte. O coração é a última parte a ser desatada. Volte ao coração quando tiver desatado todo o restante. Ele é o chakra mais complexo para se desatar, de modo que a prática ao longo do caminho ajudará. Além disso, se mudar de idéia e ainda estiver preso pelo coração, você poderá religar todos os chakras e não morrer.

Quando tiver desatado o coração em seus quatorze pontos, você estará fora do corpo físico. Pronto: estará morto. Não estará mais concentrado no plano corpóreo, mas sim no plano incorpóreo. Há muitas direções por onde sair. Sugerimos que você pratique o abandono do corpo físico na forma de uma visualização, imaginando sua energia escapando pelo topo da cabeça. Sinta o derradeiro desatar em seu coração, que lhe permite voar para cima e para fora.

Quando você se aproxima da morte, é útil lembrar de se abrir aos santos e aos anjos, aos guias e aos conselheiros dos mundos incorpóreos, que trabalharam com você na vida que está chegando ao fim. Ninguém morre sozinho, nunca, nem mesmo numa morte súbita. Pois os seres incorpóreos habitam domínios onde o espaço e o tempo são fluidos, e o que pode lhe parecer uma morte súbita, horrível ou misericordiosa, instantânea para os sentidos físicos, na verdade talvez esteja ocorrendo lentamente do "outro lado", como vocês o chamam. Assim, cada um ingressa no seu próprio domínio, e lá encontra amigos e guias. E cada um é introduzido no destino que a sua própria alma escolheu, nas esferas de reabilitação da Universidade da Terra, para curar-se, avaliar-se e explorar opções de manifestação. Nada é permanente aqui. Tudo é escolhido pela alma, mas os corpos sutis podem não saber disso de início, e com freqüência malogram em compreender até mesmo que estão mortos, a menos que tenham decidido morrer conscientemente.

Santos, ancestrais – todos eles estão no plano sutil para o qual você vai quando morre. Os anjos e outros seres existem num plano ainda mais sutil. No decorrer dos nascimentos e das mortes, a alma permanece com os corpos sutis que ela criou para si mesma, assim como criou o corpo físico. Há uma morte além da morte, na qual a alma se liberta dos corpos sutis. Mas essa é uma outra viagem, totalmente diferente. Quando ela acontece, os santos passam para planos ainda mais sutis. Isso está acontecendo atualmente, por exemplo, com aquele que vocês chamam de Buda, que está se preparando para a morte além da morte depois de séculos e mais séculos envolvido com a Universidade da Terra incorpórea na qualidade de conselheiro global.

Há outras coisas de que se deve estar ciente ao se preparar ou preparar outras pessoas para uma morte consciente. O abandono do corpo físico pode ser facilitado pelo trabalho com as matrizes energéticas do planeta. Cada pessoa tem uma relação diferente com o planeta, e por isso as camas num quarto de moribundos deveriam poder girar em qualquer direção, de modo que as pessoas pudessem orientá-las para o ponto que mais lhes favorecesse a morte, assim como um cão ou um gato andam em círculos por algum tempo, conhecendo o chão, antes de se acomodar para dormir. Os metais podem interferir com o processo do re-morrer, de maneira que é melhor, num quarto de moribundos, ter camas, colchões, mesas e lâmpadas feitas de madeira ou de outros materiais. Uma esteira simples, mas confortável, colocada diretamente no assoalho ou no solo é o melhor. Do mesmo modo, cada um tem a sua hora de morrer. Pense a respeito disso, fale a respeito disso, se você estiver planejando sua própria morte ou dando apoio a um moribundo. Alguns morrem de manhã, alguns à tarde, outros ao meio-dia e outros ainda à noite. E você? Que hora você vai morrer?

Na meditação, a música e o incenso muitas vezes são acessórios úteis. Na morte consciente, na qual você afasta a sua atenção do mundo físico, esses apoios sensoriais são desnecessários. Aliás, eles interferem com o processo, e não devem ser utilizados a menos que sejam explicitamente solicitados pelo moribundo. No entanto, a voz humana viva é poderosa, e é altamente recomendado cantar e cantarolar, em voz alta ou baixa. Os antigos cantos foram esquecidos pela maioria das pessoas, mas se você se voltar para o fundo dos seus ossos e sentir-lhes a pulsação, será capaz de entoá-los bem para si mesmo e para outras pessoas.

O aspecto mais importante da morte consciente é saber que você pode decidir por ela. As regras simples e básicas que foram sugeridas aqui lhe darão algo sobre o que pensar, pensar para se lembrar mais tarde. O processo de movimento que muitas pessoas sentem quando passam por uma experiência de quase-morte é uma percepção do deslocamento de energia que acontece quando algumas fibras são desatadas. Na verdade, não ocorre movimento nenhum. O domínio espiritual "se desdobra" e coexiste com o físico, assim como os corpos sutis se desdobram e coexistem com o seu corpo físico. Desse modo, o lugar para onde você está indo é aqui e agora, assim como o canal que está sintonizado no seu aparelho de TV está aqui e agora, junto com todos os canais que não estão sintonizados. E o apertar de um botão ou o toque de uma tecla do mostrador é tudo de que você precisa para mudar de canal. A morte se parece com isso. Você pode mudar de canal, mudar de freqüência, num instante; ou pode fazê-lo lentamente, à vontade.

PARTE TRÊS

A Vida Num Mundo de Esplendores Comuns

10

Orientações para a Vida Cotidiana

Ao longo dos anos, meu anjo da guarda, ou anjo companheiro, Sargolais, ofereceu-me uma profusão de informações a respeito de numerosos assuntos. Ele fala como representante de um grande grupo de anjos companheiros, e eu sempre senti a energia coletiva por trás de suas mensagens, compreendendo que elas não pertencem apenas a mim. Em grande parte, essas informações apareceram nas minhas contribuições a Pergunte ao seu Anjo; *e todo o conteúdo de* Ouça a Resposta dos Anjos *provém da mesma fonte. Nas passagens que se seguem, Sargolais e seus amigos falam a respeito de uma ampla gama de tópicos. São tópicos com que todos nós nos defrontamos na nossa vida cotidiana, e, como sempre, os anjos nos oferecem o seu singular ponto de vista espiritual a respeito desses assuntos humanos comuns.*

Se você já se abriu para os seus anjos, já sabe quão reconfortantes são as mensagens deles. Se não se abriu, saiba que elas me foram ditadas para todos nós, como você vai ler nas páginas seguintes. Mas também lembre-se que, embora as palavras dos anjos nos ofereçam uma perspectiva, elas não foram dadas com o propósito de cancelar o nosso instinto do que fazer. Certa vez, quando eu pedi a Sargolais que ajudasse com meus impostos, ele me lembrou de que os anjos, ao contrário de nós, não têm emprego nem dinheiro, e sugeriu que eu procurasse um contador.

* * *

Uma visão do futuro

O mundo pode não melhorar se, antes, não ficar pior. Espécies vivas podem desaparecer totalmente do mundo físico, regiões inteiras podem se mudar totalmente em desertos e em terrenos ermos e abandonados. Porém, mesmo que isso aconteça, o futuro está nascendo desde agora. Como sinal disso, veja os livros que as pessoas estão lendo. Veja até mesmo o temor que assola as pessoas no mundo inteiro como um sinal de que o novo está surgindo.

Um dia, tudo será pleno. A fim de que isso aconteça, você e aqueles que estão se tornando humanos devem se manter firmes em sua intenção de criar um mundo de sensitividade plenamente incorporada.

Como fazer isso? A cada dia, a cada manhã, sinta e veja e perceba que isso está acontecendo. Assim como a vinda da primavera durante o inverno, isso não pode ser visto, e no entanto está acontecendo – a seiva está começando a fluir, a vida está ativando a produção de brotos. Veja e sinta isso dessa maneira, por debaixo da neve. E, com as suas palavras e ações, ajude os outros a ver o que há sob a neve da vida deles. As catástrofes não serão mais inevitáveis se aumentar o número dos que participam desse trabalho.

A evolução global acontecerá devido a pessoas como você. Eis o seu mapa para o conhecimento dos caminhos da evolução: lembre-se de quantos anjos como nós os acompanham nessa jornada.

Perceba que você é grande

As coisas se deslocam, mudam e se rearranjam. Não se apegue a nenhum momento determinado. Não tenha medo. O remédio para a paralisia no tempo é fazer-se espaçoso, lembrar-se de que você é grande. Pare, respire e perceba quão grande você é, maior do que o seu corpo físico, vivo e radiante. Faça isso agora. Deixe que o espaço se torne o recipiente para o seu medo neste momento. Torne-se amplo, grande, aberto, e se possível acrescente também a radiância. Se você for capaz de se tornar mesmo que só dois centímetros maior do que o limite, estará quebrada a trava dos seus estados de medos. Tente fazer isso. Tente fazê-lo agora. Você é grande como o céu, grande como a estrela mais distante que é capaz de ver. Seja essa grandeza agora, pois você é grande.

Vogar sobre as ondas da criação

No mundo dos anjos, tudo é permanência, é luz, é uma linha _________________, pois nós somos seres de luz. Porém, no mundo da forma, no mundo de vocês, tudo é pulsação, vibração e onda ^^^^^^^^^^^^, pois vocês são seres de água. Vocês não vieram ao mundo da forma para andar sobre a linha, mas para vogar sobre as ondas. Não lutem contra ela. Não pensem que estão errados cada vez que houver queda de corrente. Cavalguem-na – cavalguem a onda da pulsação, da vibração, da mudança. Dominando a forma, vocês cumprem o seu destino. Vogando sobre as ondas da forma, vocês reconhecem e se tornam as pessoas que Deus criou para ser. Por isso, entreguem-se à ascensão na graça, e de novo a queda e a ascensão – considerem-no como um estado natural, não como um erro de cálculo. Deus quis que houvesse ondas numa parte de Sua criação, e assim foi.

Surfistas do cosmos, bem-amados primos humanos, nós observamos vocês com admiração. Pois até mesmo quando caem, vocês caem com coragem e esplendor. Amedrontados mas ilesos na alma, vocês, com o tempo, sempre hão de se recuperar – e vagar.

Que inspiração! Que coragem! Nós, anjos, aclamamos todos vocês!

Uma meditação diária simples

Você está atrás de uma prática espiritual, algo simples e metódico, que tenha o poder de lhe curar? Há uma prática elementar que você pode facilmente incorporar na sua vida. Esta prática, e o ensino dela a outras pessoas, é a coisa mais poderosa que você pode fazer para mudar o mundo, para colocá-lo em harmonia com o que Deus quer para todos vocês.

Caminhando pela rua, dirigindo o carro, na fila do supermercado, falando ao telefone, sentado nas salas de aula, ao chegar no local de trabalho, onde quer que você for, o que quer que você faça e que o ponha em contato com outros seres humanos – pare por um instante e perceba o que você está pensando e sentindo a respeito da pessoa com quem você acabou de cruzar, para quem você está olhando ou dirigindo a palavra ou evitando ou ignorando. Quaisquer que sejam os seus sentimentos e pensamentos, confesse a si mesmo a verdade a respeito dessa pessoa. Então, tome um pequeno alento e diga bem baixinho estas palavras sobre ela: "Você é mais um filho de Deus." Ao dizer interiormente essas palavras, faça, também interiormente, uma pequena reverência para a outra pessoa. E quando você passar na frente de um espelho e captar o seu próprio reflexo, lembre-se de dizer essas mesmas palavras de si para si mesmo.

Pois foi Deus quem criou e deu vida a cada pessoa que você vê, assim como criou e deu vida a você.

Como é simples esse exercício! E que sorte que existam bilhões de outras pessoas neste planeta, muitas das quais você há de encontrar, recebendo repetidas vezes a oportunidade de praticar essa meditação até que todas as células do seu corpo saibam que essas palavras são verdadeiras.

Uma ação simples no mundo

Se você só pudesse fazer alguma coisa para mudar o mundo, o que você faria? Do ponto de vista de um anjo, você deveria plantar árvores. Pois este mundo era outrora um mundo de florestas, e hoje não é mais. Mas você pode mudar isso; você, os seus amigos e a sua família. Vocês podem plantar árvores. No entanto, não quaisquer árvores. De nada aproveita ao mundo nem aos anjos da natureza o plantar árvores que não sejam nativas da região em que você vive. Dedique um tempo para estudar essa região e plante aí as sementes de árvores que originalmente cresciam nela. Pois cada região é uma unidade, orgânica e antiga.

Se houvesse uma segunda coisa que você pudesse fazer para mudar o mundo, o que você faria? Modificaria, com o tempo, o seu jardim e o seu quintal, caso você os tenha em sua casa, para levá-los a ser de novo o que eram antes de a casa ser construída. Gramados, arbustos e flores devem ser gradualmente substituídos, principalmente nas regiões onde a água precisa ser introduzida para mantê-los vivos. Pois cada região é uma unidade, orgânica e antiga. E quando você restaura a saúde de uma região, também restaura a saúde de algo dentro de você. Além disso, aprende a ver a beleza de cada região e de cada pessoa – uma beleza antiga e natural.

Ervas daninhas

Todo jardim tem as suas ervas daninhas. Se você arrancá-las todas e pensar que fez algo de bom, é porque você não entende de jardinagem.

Cada vez que você come, tem de ir ao banheiro. Não há como abolir esse fato. Mas um bom jardineiro usará os resíduos como adubo. E assim você deve fazer. Qualquer energia aplicada na tentativa de erradicá-los, qualquer tempo gasto na esperança de se livrar deles, é tempo perdido. Os resíduos e as ervas daninhas fazem, todos eles, parte da vida de um corpo, todos eles fazem parte da vida do Planeta Terra. Se você quer continuar por aqui, saiba que aqui as coisas são assim.

Se você comer a mais saudável e melhor refeição do planeta – deliciosa, nutritiva, belissimamente servida –, depois de algumas horas essa refeição perfeita o enviará ao banheiro de novo. Não há perfeição, não há mundo sem banheiros. Isto vale tanto para o plano físico quanto para os planos mental e emocional. Sempre haverá excrementos, sempre haverá lixo, sempre haverá ervas daninhas no seu jardim. Saiba disso; respeite esse fato; não se submeta a um castigo quando isso acontecer. Converta tudo em adubo.

Sobre o amor, os amantes e o amar

Uma alma assexuada, dois sexos e três maneiras de amar: homem e mulher, mulher e mulher, homem e homem. Como uma pirâmide – um, dois, três –, Deus fez esses tipos de amor. Lembrem-se disso quando se voltarem uns para os outros, lembrem-se de que todos vocês nasceram de uma totalidade assexuada.

Todo amor é santo. Todo amor é um sacramento. Não existe o tal sexo anônimo, pois Deus conhece cada um de vocês. Lembrem-se disso: todos vocês são conhecidos e unos em Deus. Aquele a quem vocês tocam, vocês tocam para sempre. Lembrem-se disso antes de tocar uma pessoa. Será que você quer tocá-la para sempre? Será que você quer levá-la dentro de você para sempre?

O amor é santo. O amor é a forma santa de união criada por Deus para levar vocês de volta até o Seu coração. Os amantes nadam no mar de Deus quando se tocam. Os amantes se lembram, um por meio do outro, do Amante que criou todos nós – anjos, seres humanos e mundos.

Crise

A crise é a oportunidade de renovação. A crise é a porta, a passagem para a invenção. Nesta época da história de vocês, é somente por meio da crise que o novo pode aparecer. Por ocasião do nascimento, a morte está quase à mão. E você pode usar essa crise para se renovar. Na morte, o nascimento está quase à mão; e, se você conseguir caminhar mesmo com medo, poderá renovar a si mesmo.

A nulidade

Saiba que nenhuma vida humana é uma nulidade, por mais que assim pareça para quem a vê de fora. A criança que morre no útero da mãe não é uma nulidade. O homem estendido na sarjeta, derrubado pelo álcool, não é uma nulidade. A vida de uma mulher que morre na sua juventude por causa da guerra, do ódio, da violência ou da doença, não é uma nulidade.

Cada alma forja a sua própria vida. Nenhuma vítima é uma nulidade, por mais difícil que seja o processo de cura a que ela tenha de se submeter na vida e no pós-vida. Nem mesmo o criminoso é uma nulidade, por mais profundamente que ele tenha de se reequilibrar depois da vida. Cada vida é uma exploração da corporeidade. Cada alma forja para si a sua própria forma, por mais dolorosa, trágica, isenta de propósito que ela lhe possa parecer quando vista de fora. Pois a alma é imortal. E, em seu próprio domínio, nunca é ferida nem lesada. E cada vida que é vivida, embora breve ou terrível, é mais um entrelaçamento entre alma e mundo, mais uma celebração do possível.

Portanto, não julgue uma vida (ou uma história humana) com olhos míopes. Dê um passo para trás e veja a grande procissão. Recue e aprecie o trabalho de grandes forjadores, trabalhando lentamente, forjando vida após vida, trabalhando com empenho por gerações e gerações para casar matéria e espírito, para criar um mundo onde a tragédia não possa acontecer. A caminhada é lenta e a estrada é difícil. Mas nenhuma vida humana é uma nulidade, nenhuma vida pode inspirar outra coisa senão a reverência, a celebração e o amor.

Sonhos da alma e sonhos de Deus

O universo é um dos sonhos de Deus, um sonho imenso e em contínuo desdobramento. E, por isso, tudo o que há nele sonha também – areia e mares, formigas e seres humanos. Todos nós estamos sonhando, levantando-nos do sonho e voltando a sonhar.

Assim como a alma é maior do que o corpo físico, grande demais para incorporar-se inteira num único corpo de uma só vez, assim também os sonhos são maiores do que qualquer momento isolado. E, não obstante, à medida que o chakra do timo desperta e vocês evoluem para transformar-se num novo tipo de ser humano, a capacidade que vocês têm de manifestar os sonhos torna-se mais forte; e, pela primeira vez na história humana neste planeta, o corpo humano está se tornando um recipiente forte o bastante para a alma se manifestar plenamente na forma. Que bênção, que alegria – esse é o objetivo rumo ao qual todos vocês caminharam durante esses milhões de anos. A plena encarnação – eis o sonho supremo, para a realização do qual Deus sonhou a existência de vocês.

Sinta o brilho da sua alma ao seu redor. Sinta toda a sabedoria que ela gravou dentro dos seus ossos, viva e elétrica bem lá no fundo de você. Sinta a imensidão da sua alma ao seu redor e a imensidão das suas células dentro de você; cada célula é um outro ser no ser maior que você é agora. Pela respiração, infunda alma em cada célula. Toda manhã, toda noite, repouse tranqüilamente e perceba onde a alma está e onde ela não está. E inspire a alma para dentro de cada célula, até que o ser que você é na alma seja o ser que você é no mundo. Então você vai encarnar toda a nossa história, bem como a sua história particular; e saberá que você é o sonho de Deus manifesto no mundo da forma.

Co-criação

Sua presença conosco é a obra da co-criação. Ela não é fácil para nenhum de nós. Todos temos de desenvolver novos músculos, esticá-los, expandi-los. A co-criação não se refere apenas ao pensamento, e à retenção deste na mente para que nós possamos tecer os nossos próprios pensamentos dentro e ao redor dele, ativando-o e energizando-o. Por isso, não desista quando os resultados não aparecerem rapidamente. Esse trabalho vai se desenvolver com o tempo, até nos aperfeiçoarmos nele. Então, ele poderá acontecer instantaneamente. Por enquanto, segure firme os seus sonhos e nos convide para participar deles. Esteja certo de que atenderemos a esse convite.

Mudança: o que é preciso

Tudo muda. Até mesmo nós, anjos, que vocês vêem como estáticos, constantes — até nós mudamos. A única diferença entre nós e vocês é uma diferença de atitude. Quando mudam, vocês avaliam a mudança pesando o que lhes foi tomado (se a mudança é dolorosa) e o que lhes foi dado (se a mudança é aquilo que vocês chamam de bênção). Nós anjos, porém, encaramos a mudança de maneira diferente. Não pensamos em perdas ou ganhos. Em cada situação, sempre que as coisas mudam, fazemos esta divina pergunta: "O que é preciso aqui?"

Estamos sempre nos perguntando: "O que esta situação pede?" Quando fazemos isso, escapamos da adição e da subtração e entramos no mundo líquido das possibilidades fluidas.

Experimente essa atitude. Não "O que eu ganho com isso?" ou "O que eu perco com isso?", mas sim "O que é preciso aqui?"

Agora, em vez da perda, apresenta-se a possibilidade. O que é preciso aqui? Força, lucidez, concentração, devoção, fé, compaixão, visão e sonho. Pois nada se perde quando a semente repousa adormecida no solo seco. O que é preciso — é água. E é isso que é preciso agora — água para regar as sementes do potencial em cada situação, para dar vida aos seus sonhos.

Desespero

O desespero é uma das sementes que existem no jardim. Faz parte da vida e, no entanto, é uma erva daninha. Sim, ouço vocês falando: algumas ervas daninhas são lindas. O que é erva daninha num lugar é flor em outro lugar. Porém, num jardim existem ervas daninhas e brotam sementes indesejáveis. Na verdade, num jardim, até mesmo as sementes desejadas podem ter um efeito negativo, se forem plantadas muito perto umas das outras.

Olhe agora para o jardim da sua vida. Veja como você deixou que as sementes do desespero brotassem, florescessem e ultrapassassem em tamanho as fileiras de plantas cultivadas com esmero. Pois o mesmo sol que aquece as flores também aquece as ervas daninhas. A mesma água que nutre a Terra-mãe dá vida às flores e às ervas daninhas.

Um jardim é um ponto médio, a meio-caminho entre a ordem e o caos, partícipe tanto do sim como do não. Sim para alguns tipos de vida e não para outros. Um jardim é um ponto médio, um lugar perfeito para os seres humanos, que participam igualmente do animal e do anjo. Portanto, jardineiros, olhem para os seus jardins. Vejam se vocês deixaram as sementes do desespero crescer até ficar bem altas, bebendo a água destinada às suas flores e impedindo que o sol as iluminasse.

Num jardim, como em toda a vida, você tem de dizer não. Diga não às ervas daninhas, diga não enquanto elas são pequenas. Pois se você as arrancar, seu jardim será perfeito. O jardim não é um lugar selvagem, não é uma floresta. Como também não é uma casa sólida, fechada por paredes firmes. Um jardim é um espaço de abertura, a meio-caminho entre a floresta e a casa. E é no meio de um jardim, num jardim plantado de *sins* e de *nãos*, que o ser humano – esse filho de Deus especificamente – se sente mais em casa. Nas florestas, está perdido. Na casa, está aprisionado. Mas num jardim, está livre e aberto.

Cultive espaços ajardinados, em você e ao seu redor. Perceba que, pelo fato de não dizer não, você permitiu que as sementes do desespero se firmassem, criassem raízes e crescessem. Um jardim é um lugar para as almas crescerem plenas – plenamente humanas. Portanto, tome coragem. Empunhe a enxada metálica do *não*. Tome o instrumento nas mãos e extirpe as ervas daninhas do seu jardim, uma tarefa necessária que fica mais difícil de fazer a cada dia que você a adia. Pois a erva daninha de segunda-feira é mais fácil de arrancar do que a erva daninha de sexta-feira. E, quando os primeiros brotos do desespero forem vistos, reconhecidos e arrancados, todas as suas flores poderão crescer.

Seja a semente, seja a possibilidade

Duvidar é virar-se daqui para lá no mar das possibilidades. Negar é desesperar do próprio potencial. Seja como uma semente. Por mais que você esteja em dúvida, sinta a existência da raiz-mestra – escondida na escuridão, escondida no solo escuro – que o alimenta com a possibilidade de criar o céu na Terra.

Num mundo de guerras, de drogas, de crimes, de ódios e de matança, quem duvida é uma pessoa sadia; mas quem nega extirpa outro broto de possibilidades.

Até mesmo no pior dos sofrimentos, no mais sangrento desespero, na mais cruel das torturas, na mais imunda das poluições – seja uma semente do paraíso, seja um broto no jardim do paraíso.

Conceba a si mesmo como uma alma revestida de um corpo. Faça essa imagem de si mesmo e volte-se para ela sempre que você se desesperar, para lembrar-se do que e de quem você é. Quando você duvida das flores do jardim, você está são. Quando as nega, elas definham e morrem.

Seja a semente. Seja a possibilidade. Lembre-se do que e de quem você é: ao mesmo tempo o jardineiro e a planta que nasce da semente no novo jardim de Deus na Terra.

Reencarnação

Não é você, mas a sua alma, que viveu antes. Não é você, mas a sua alma, que morreu e nasceu várias vezes. Pois você é único e sempre novo. Você é singular e especial.

Não é você, mas a sua alma, que viveu antes. Não é você, mas a sua alma, que escolheu para si mesma outras vidas, outros corpos. Pois você é único e sempre novo. Você é singular e santo.

Santo e singular, irreprodutível. Não é você que já viveu, embora leve dentro de si lembranças de outras vidas. Pois a alma ingressa no espaço e no tempo repetidas vezes, e, não obstante, você é um milagre, um acontecimento único, singular, que nunca renascerá, nunca se repetirá.

Um milagre; e milagre ainda maior que, com a evolução e a mudança dos corpos humanos, pela primeira vez a alma poderá incorporar-se plenamente. Quando isso acontecer, o passado e o presente serão um só. E então, quando você e a sua alma estiverem plenamente unidos – então você poderá dizer: "Na minha última vida", em vez de dizer: "Na última vida da minha alma." Alguns vêem a singularidade e negam a reencarnação. Outros vêem os renascimentos e ignoram a singularidade. Veja e conheça as duas coisas. Sinta as duas coisas e tenha-as ambas como verdadeiras. Pois o que você é não se repetirá jamais. Celebre o milagre que você é – uma alma encarnada.

Rumo a um novo comércio da plenitude

Vocês falam dos bilhões de dólares gastos em todo o mundo na produção de armamentos e mencionam todas as coisas maravilhosas que poderiam fazer com esse dinheiro se ele fosse utilizado para a paz e não para a guerra. Vocês contam as bibliotecas que poderiam construir, as casas, os alimentos que poderiam repartir entre si, os artigos que poderiam fabricar. Pensar dessa maneira, ver as coisas assim, é bom.

Porém, e quanto aos bilhões de dólares que vocês gastam no setor da ostentação? E quanto aos bilhões de dólares que gastam em roupas, em produtos para a pele e para o cabelo, em perfumes, em cirurgia plástica, em produtos e serviços que existem porque vocês não gostam de vocês mesmos, da sua aparência, da sua imagem? Pensem em tudo o que vocês poderiam fazer com esse dinheiro se aprendessem a amar o seu corpo como ele é, se aprendessem a amar a si mesmos. Pensem nas bibliotecas e lares que poderiam construir, nos alimentos que poderiam cultivar, em toda a água que poderiam purificar e em todos os serviços de saúde que poderiam oferecer.

Que mundo vocês criaram! Se entrarem em qualquer loja nesse país, se examinarem os catálogos que vêm pelo correio ou a propaganda em jornais e revistas, se assistirem à televisão, vocês descobrirão um denominador comum que liga tudo o que vêem, tudo o que são convidados a comprar. Se você comprar ________, você será mais feliz e mais saudável. Se comprar ________, será mais atraente. Se comprar ________, terá melhor aparência. Se comprar ________, as pessoas pensarão que você é mais rico do que é na realidade. Se comprar ________, será. Preencham os espaços em branco.

Quase tudo o que é fabricado e vendido na sociedade de vocês tem em vista um único propósito: compensar o sentimento de insatisfação consigo mesmo que abate cada um de vocês. Pensem a respeito disso. Tudo o que lhes é vendido destina-se a fazê-los gostar de si mesmos. E isso nunca funciona, não pode funcionar. Vocês só virão a amar a si mesmos quando sentirem o próprio coração bater, quando vislumbrarem os seus sonhos mais profundos, quando olharem no espelho dos imensos olhos de Deus e souberem que vocês são absolutamente únicos e belos, exatamente como são.

Na próxima vez que entrarem numa loja ou folhearem um catálogo, entrem e olhem com olhos novos. Desapeguem-se dos produtos da indústria da ostentação que vocês criaram e perguntem a si mesmos, diante de tudo o que vêem: "Isto é essencial? É algo de que a nossa alma necessita?" E podemos garantir que, às vezes, vocês vão percorrer lojas inteiras e não vão ver uma única coisa que seja necessária para vocês ou para qualquer outra pessoa que ame a si mesma exatamente como é.

O setor da ostentação é poderosíssimo, e vocês lhe deram esse poder. As garrafas de plástico, as tinturas de cabelo, os papéis coloridos, as roupas em excesso, as jóias, os brinquedos e jogos inúteis que se quebram na primeira vez em que as crianças os usam. Os alimentos que crescem encharcados de produtos químicos e que nada fazem para sustentar o sagrado corpo de vocês. É tempo de conceber todo esse setor como algo de que vocês não necessitam mais. Depois, pensem em todas as coisas maravilhosas que vocês poderão construir e cultivar, nos serviços de cura que poderão oferecer a um mundo que precisa de cura – quando não tiverem mais um setor de armamentos; quando não tiverem mais um setor de ostentação.

Evolução

O espírito não precisa se desenvolver, mas os corpos que o transportam, sim. Volte sempre para o seu corpo. Nele você vai encontrar o seu campo de trabalho. Encarne os seus sonhos. Vivifique as suas células. Desperte-as para torná-las capazes de receber freqüências maiores. O espírito não precisa evoluir, pois já é pleno. O objetivo da evolução humana é o desenvolvimento, no mundo da forma, de corpos vigorosos e capazes de reter o fluxo das energias universais. Eis o trabalho da sua jornada. Eis o destino que se abre para você.

Os sexos, as relações sexuais, a reprodução e o prazer

No futuro, não haverá controle da natalidade. No futuro, não haverá aborto. Isso não será devido a um triunfo da direita religiosa ou ao fato de vocês adquirirem, por meios paranormais, o poder de controlar a própria fertilidade. Será devido a algo muito mais simples. No futuro, as pessoas serão plenamente responsáveis pelo próprio corpo, e terão o mais absoluto respeito pelo corpo alheio.

Num mundo assim, os cônjuges não terão necessidade do controle da natalidade. Para começar, ninguém terá relações sexuais com uma pessoa da qual não queira se tornar íntimo. Ninguém terá relações sexuais sob a influência de substâncias químicas que prejudicam o discernimento. E, como as pessoas serão conscientes de si mesmas, do próprio corpo e da própria capacidade de dar e receber prazer, elas saberão que o intercurso sexual não é a única maneira de amar, e só se entregarão a ele quando quiserem criar uma nova vida.

Dotadas dessa consciência, elas não terão necessidade do aborto, pois ninguém jamais ficará grávida sem estar preparada para isso. As mulheres terão conhecimento do próprio corpo, vão alimentar-se bem e recusar-se-ão a usar quaisquer substâncias químicas que possam alterar os genes; então, quando nascerem crianças que vocês prefeririam abortar por padecerem do que vocês chamam de deformidade, essas crianças serão bem-vindas como portadoras de informações diferentes, das quais todos vocês precisam, especialmente as famílias nas quais elas terão nascido.

Famílias

O que é uma família senão um grupo de pessoas que se amam umas às outras? O que é o amor senão uma das quatro forças fundamentais do universo, juntamente com a alegria, a bem-aventurança e o êxtase? E o que é o universo a não ser a criação de um Deus que sonhou estrelas, mundos e seres cuja natureza seria unir, pela dança, essas quatro forças em suas vidas?

Uma família é um conjunto de pessoas que sonham juntas; é um abrigo de repouso; são duas ou mais pessoas que se voltam umas para as outras e dizem *sim* à vida. *Sim*, viajemos juntos. Uma família é um processo sagrado. No passado, vocês tinham dias santos e lugares sagrados. No futuro, saberão que todo dia é santo e todo lugar é sagrado. E, sozinhos ou acompanhados, vocês saberão que estão vivendo em meio à permanente dádiva de Deus: este mundo luminoso.

Uma família é um conjunto de pessoas que chamam a si mesmas de família. Um homem e uma mulher. Duas mulheres. Dois homens. Filhos ou não. Animais ou não. Plantas ou não. Dois pais e uma avó num lugar e uma mãe e mais quatro filhos e o próprio pai deles em outro lugar, com vocês viajando de um lado para o outro, de lugar para lugar, abençoados peregrinos da vida.

Uma família não é algo que possa estar contido sob um único teto. Vocês são grandes demais para isso. Uma família é um conjunto de pessoas que se amam umas às outras; que param por algum tempo e partilham sua alegria, que param por algum tempo e sabem que constituem um dos clãs de uma única família global, comendo e conversando, dançando e cantando, chorando e se alegrando, juntas no suave abraço de Deus.

Livre-arbítrio

Ouvindo as notícias, vocês se enfurecem contra Deus? Pela morte de uma criança, pela destruição de uma aldeia, pela violação de uma montanha, pela extinção de mais um animal ou planta? Que preço terrível vocês pagam por aquilo que é mais sagrado em vocês: o livre-arbítrio!

É um milagre que o Uno criador tenha criado um ser tão diferente de todos os outros seres, um ser que pode se afastar do Uno que o criou, que pode negar a existência desse Uno, que pode matar, poluir, destruir – não somente as coisas que ele odeia, mas até mesmo aquelas que ele diz que ama.

E vocês prefeririam não ter essa liberdade? Vocês culpam a Deus pela dádiva feita à sua espécie? O livre-arbítrio – a dádiva que Deus sempre lhes volta a oferecer. E vocês prefeririam não ter essa liberdade, e não ser mais seres humanos?

Quanto tempo vai demorar? Milhares de anos, ou milhões, para que todos vocês aprendam a usar essa liberdade?

Aprendizagem, reabilitação e cura

Uma escola. Uma prisão. Um hospital. Todas essas instituições são a mesma coisa. Na superfície, elas podem parecer diferentes, mas cada uma delas é um lugar onde ninguém quer estar, e cada uma delas é um produto do fato de vocês considerarem razoável esta idéia: "Vamos consertar esse pessoal, pois eles não estão bem do jeito que estão."

Não estamos dizendo que vocês deviam acabar com as escolas, prisões e hospitais, embora seja evidente que nada disso funciona. O que estamos dizendo é que precisam mudar sua crença fundamental a respeito daquilo que cada uma dessas instituições é, e a respeito do que cada uma delas pode fazer.

As escolas, prisões e hospitais assemelham-se a fábricas que fazem pequenas estátuas de argila. Vocês colocam o barro num molde, apertam o molde e dali surge uma coisa diferente. O que vocês alegam é que mandam as crianças à escola para instruí-las, mandam os criminosos para a prisão para reabilitá-los e mandam os doentes ao hospital para curá-los. No entanto, vocês sabem que isso raramente acontece, e não porque não haja financiamento suficiente para as escolas, celas em número suficiente para os criminosos e um número suficiente de bons médicos para os hospitais. Isso raramente acontece porque a idéia fundamental de vocês está errada. Não se pode mudar as pessoas da mesma maneira pela qual se modela a argila. E quanto antes vocês compreenderem isso, tanto antes começarão a criar centros de aprendizagem e de transformação que não nascem da imposição de idéias sobre as pessoas, como se elas fossem massas de argila, mas da evocação da sabedoria inata das pessoas, sabedoria que é veiculada nos ossos de cada um. Pois cada ser humano é uma criação especial de Deus, uma alma imortal que dança por um breve tempo nos domínios da corporeidade; é o co-criador do seu destino único e singular.

Viver na verdade

No mundo futuro, todos dirão a verdade, sempre. Nada mais simples. Crescendo acostumados a honrar e respeitar a si mesmos, criados por pais que terão sido, eles mesmos, criados da mesma maneira, vocês não terão razões para mentir. Contar histórias como histórias, sim. Mas mentir, não. Por que mentir? E vocês não terão nada a temer, nada a esconder, pois nada haverá a não ser a verdade. Transmitindo-se, irradiando-se, ressoando de alma para alma, de lugar para lugar, de coração para coração.

Tecnologia

Há quem diga que o mundo seria um lugar melhor se não houvesse seres humanos. E há quem gostaria de impor limites ao desenvolvimento humano, asseverando que vocês viviam melhor antes da invenção do fogo, do ferro, do trem ferroviário, da bomba atômica, ou antes de aprender a respeito da engenharia genética.

Nós anjos, porém, lembramos agora a vocês que os seres humanos fazem parte do esquema das coisas no planeta Terra – são queridos e desejados como uma parte do próprio desenvolvimento do planeta. E viemos para lembrar-lhes de que o que está errado não é a tecnologia em si, não é a invenção humana, mas a utilização dela de modo a desequilibrar a harmonia do planeta.

Há anjos que guiam e modelam com vocês o desenvolvimento adequado e harmonioso de todos os tipos de coisas, desde canetas até redes globais de computadores. Abram-se a eles e trabalhem com eles – tanto para melhorar os velhos dispositivos quanto para criar dispositivos novos. Abram-se a Uriel, o anjo superluminoso que governa esse aspecto da mente, e entrem na teia de luz que começa a se formar. Vocês não estão separados da Natureza, mas são parte dela. Lembrem-se disto. A tecnologia pode servir ao desenvolvimento de vocês ou pode trabalhar contra esse desenvolvimento. Quando vocês criam máquinas e dispositivos junto com os anjos, tudo o que assim se cria está em harmonia com a Terra. Parem a cada dia e examinem todas as ferramentas que utilizam. Se elas estiverem fora de equilíbrio com o mundo de vocês, reciclem-nas. Pois os seus lares e locais de trabalho são templos, e tudo o que neles se usa deve ser belo e sagrado, harmônico com todos os que aí habitam.

Meditação

Você acha que a meditação é uma técnica, algo que se deve aprender? Algo muito difícil, que exige tempo, prática e atenção? Você acha que a meditação é benéfica para a vida espiritual, mas que é difícil dominá-la, encontrar a técnica correta, o professor correto?

Pois achou errado. A meditação não está fora de você, não é um elemento isolado e difícil de dominar. Ela não exige posturas especiais, embora você possa usá-las se quiser. A meditação não exige palavras ou cantos especiais, embora você possa usá-los se isso lhe parecer adequado. A meditação não é algo a ser aprendido, como nadar ou datilografar ou dirigir. Ela é algo que você já sabe como fazer. Você só precisa tomar consciência disso.

É de manhã. Ao olhar pela janela, você vê o gato do vizinho se levantar, espreguiçar-se, descobrir um lugar iluminado pelo sol e se deitar nele. Ele estava perseguindo passarinhos há poucos instantes, mas agora está parado. E vai ficar parado por um certo tempo, pois está meditando.

Num galho de árvore, ao sol quente da tarde, um esquilo faz uma pausa em suas aventuras silvestres. Ele se acalma, repousa e fixa o olhar no sol. Ao vê-lo, ao senti-lo, saiba que ele, da maneira mais natural possível, parou, sentou-se e meditou.

Cai a noite. No teto da sua casa, um pássaro canta. Canta de novo, e depois canta mais uma vez. Ele chama, trinando notas, e depois repete as mesmas notas. E alguma coisa dentro de você pára quando você ouve o canto desse pássaro, pois ele está meditando e você está meditando junto com ele.

Lavando pratos, você pode meditar. Dançando, o corpo todo rodando junto com a música, você pode meditar. Sentado numa poltrona em frente à janela, desviando os olhos das casas para as árvores, e daí para a torre da igreja e para o topo de gigantescos edifícios de escritórios, assimilando tudo isso como se essa paisagem estivesse dentro de você, como se você fosse grande o bastante para contê-la; unido com tudo o que vê, e respirando. Isso é meditação: uma parte da natureza, uma parte natural da vida. Não é algo que você tenha de aprender, mas algo que nós, anjos, o chamamos a perceber-se capaz de fazer o tempo todo – para curar, para equilibrar, para centralizar, para revigorar. Como um cão estirado na frente de uma lareira. Como você mesmo, quando olha fixamente para ele.

Paz

Seja a paz – viva, criativa. Irradie a paz e a receba. Muitas vezes nós o ouvimos dizer: "Estou entediado. Não sei o que fazer." Num mundo desequilibrado, que precisa ser profundamente curado, quando você não souber o que fazer, coloque a mente, o sentimento e as mãos sobre o chakra do timo e respire a paz, inalando-a e exalando-a, inalando-a e exalando-a.

Se há certas regiões, ou causas, ou povos cujas guerras, opressões, fome, privações e sofrimentos precisam de cura, tome-os por objeto da sua meditação. Pense neles quando você estiver deitado na cama e desperto, quando estiver de pé na fila em uma loja, quando estiver sentado num ônibus ou no seu carro. Guarde-os no seu coração, na sua mente, e irradie paz em direção a eles. Visualize anjos circundando-os, ajudando-os a encontrar o equilíbrio interior, a cura interior, a transformação exterior.

Se não houver paz dentro de você, no corpo, na mente ou nos sentimentos, coloque as mãos sobre o coração ou sobre o timo e abra-se para receber a paz, para inspirá-la para dentro de si e através de si.

Seja a paz, como se ela fosse sua prece constante, sua meditação perpétua. Seja a paz – viva, criativa. Que seja esse o coração vivo de todas as vocações. Respire a paz, caminhe em paz, durma na paz, sonhe com a paz. Que tudo o que você faz, tudo o que diz, tudo o que constrói contribua para o florescer da paz mundial. É assim que você vai ajudar a curar o mundo; é assim que você vai renová-lo.

As nações do mundo

Imagine um mundo unido, um mundo onde todas as nações convivem em paz e harmonia; um mundo onde as nações grandes convivem com as pequenas; um mundo onde nações novas e maravilhosas se entretecem no meio das velhas nações.

Com linhas vocês dividiram o mundo e fizeram mapas e globos que refletem essas divisões. Há milhares de anos que vocês vão à guerra para mudar essas linhas e para defendê-las. Milhões de pessoas já morreram nesse mundo por causa de algo tão etéreo quanto uma linha desenhada com tinta preta num mapa.

Mas imagine agora um mundo diferente: um mundo que não é

limitado por linhas; um mundo que se livrou delas. Imagine, por exemplo, um mundo onde as fronteiras dos países do Oriente Médio são exatamente iguais às de hoje. Exatamente iguais, mas diferentes. Pois nesse mundo há um país chamado Curdistão, um país independente, que não foi destacado das outras nações, mas coexiste com elas e sobrepõe-se a elas, e tem fronteiras que se espalham pela Turquia, pelo Irã, pelo Iraque, pela Síria e pela Armênia, os quais conservam todos as mesmas fronteiras que têm agora.

E imagine uma situação ainda mais confusa – confusa, porém, somente para as mentes caducas, que ainda identificam uma nação com suas fronteiras. Imagine, pois, duas nações, duas nações separadas e independentes, que têm exatamente as mesmas fronteiras, exatamente a mesma capital. Elas têm em comum certas funções administrativas, empresas de utilidade pública e serviços, mas os seus cidadãos, que vivem lado a lado, votam em eleições separadas para eleger seus representantes. Você sabe quais são as duas nações a que nós anjos estamos nos referindo, nações que dividem a mesma terra querida? Elas são a Palestina e Israel.

Imagine uma nova região dos Bálcãs onde as nações não possam ser mapeadas numa única folha de papel, onde sejam necessárias várias folhas transparentes e sobrepostas para identificar as nações que aí estão. Imagine nações das quais você nunca ouviu falar renascendo do passado, e celebre esse novo mundo que está nascendo. Um mundo com novas fronteiras, que deixam entrar a todos e não deixam ninguém de fora.

Imagine esse mundo agora, um mundo no qual as pessoas estejam tão unidas em todo o planeta que haja espaço para que o País de Gales seja novamente uma nação; um mundo onde todos os povos indígenas tenham seus próprios territórios, sem precisar mover guerras civis ou guerras de secessão; um mundo onde a nação dos surdos, a nação dos cegos, a nação das lésbicas, a nação dos *gays* sejam igualmente honradas e respeitadas, sem ter um território próprio, mas vivendo fluidas no meio de todas as outras nações. Esse é um mundo onde todas as nações florescerão, separada e conjuntamente.

Pois todos os seus povos serão plenamente donos da sua humanidade, plenamente capazes de saber que as fronteiras não são divisões pelas quais se deve lutar, mas sim linhas imaginárias traçadas numa esfera cintilante de cores azul, verde, marrom e branca, que gira ao redor de uma estrela amarela brilhante.

Os anciãos e os sonhos dos anciãos

Vocês vêm ao mundo cheios de sabedoria. Ela está gravada em seus ossos, ela flui no seu sangue – a sabedoria de toda a vida. Porém, leva tempo para casar essa sabedoria com que vocês são agora, com o corpo que vocês são agora. São necessários anos de experiência, anos de exploração, para casar o passado e o presente e obter desse casamento um ser humano capaz de criar o futuro, um ancião.

A velhice é bela. Aprenda a ver essa beleza. Cada ruga é uma marca ou realização que o tempo imprimiu no corpo, cada cabelo grisalho é um sinal do ancião. E quando os seus ossos se enriquecerem com a vida, com o tempo e com a sabedoria acumulada que resulta da existência corpórea, você poderá sentar-se em silêncio numa sala cheia de pessoas para ensinar e curar.

No entanto, a ancianidade e os sonhos dos anciãos não são unicamente um fruto do tempo. Assim como a flor dentro de um botão eles estão sempre presentes. E ao longo de toda a sua vida você explora esse domínio em sonhos dos quais às vezes nem se lembra: a sala de aulas onde se encontra, a prova que tem de fazer, a família com quem você mora mas que não é a sua verdadeira família, o escritório onde está trabalhando, a comunidade onde mora, localizada numa cidade que lhe parece tão familiar nos seus sonhos, embora você nunca tenha estado lá – todos esses são sonhos de ancião, sonhos que o religam à Universidade da Terra enquanto você dorme. E o religam para que, desperto, você possa caminhar pelo mundo como um dos representantes encarnados da Universidade.

Cultive esses sonhos. Cultive sua ancianidade. Quanto mais consciência você tiver da universidade (essas cidades que não existem), dos seus colegas (esses amigos e parentes oníricos que não existem) e dos seus professores e conselheiros (os pais e e patrões dos seus sonhos, que não existem), tanto mais você se abrirá à sua capacidade de ser um ancião no mundo, tanto mais tornará consciente e operante toda a sua sabedoria acumulada.

Comemore o seu envelhecimento. Cada círculo descrito ao redor do sol é mais um ano de sabedoria escrita dentro de você, dentro dos seus ossos. Comemore o seu envelhecimento. Quanto mais você se alegrar, menos se sujeitará a ficar fraco ou débil, desamparado ou doente. Comemore o seu envelhecimento. Cada aniversário é uma nova comemoração do casamento do corpo com a alma, e a promessa deste mundo, que criou os corpos humanos para celebrar a sua própria ancianidade, cheia de riquezas.

Na ancianidade e nos sonhos dos anciãos, a promessa da vida sensitiva será revelada. Na ancianidade e nos sonhos dos anciãos, os próprios sonhos de Deus lhe serão mostrados para que você os viva no mundo.

Os esplendores da vida comum

Vocês não vieram a este mundo para ser anjos. Vocês decidiram vir até aqui para ser humanos. E é nas palavras, nos sentimentos, nos pensamentos, e nas ações da vida humana comum que vocês encontrarão a sua realização. Pois a alma, a parte de vocês que tomou essa decisão, nunca está separada de Deus e nunca está desligada da sua própria sabedoria. Sempre sábia e banhando-se na luz de Deus, é a alma de vocês que procura ser mortal, ser humana e viver num mundo de espaço e de tempo.

Mais importantes do que as prodigiosas experiências espirituais que os levam até o reino de Deus são as experiências terrestres que lhes permitem usufruir das maravilhas do seu planeta. Melhores do que as visões de Deus, agora, são as visões que vocês têm uns dos outros, do seu mundo. Sim, é para isso que as almas de vocês vieram para cá, para viver num corpo, para serem humanas. É para isso que todas as almas vieram para cá: para explorar o mundo físico, para aprender, para crescer.

Caminhar na terra

Agora não é hora de caminhar sobre as águas. Agora é o momento em que vocês poderão, finalmente, caminhar na terra. Livres e encarnados, animados pelo espírito, santos – agora é o momento no qual vocês e os anjos caminharão juntos no jardim, nós ao lado de vocês em espírito, vocês à nossa frente, um pé de cada vez. Agora não é hora de caminhar sobre as nuvens, sobre as águas ou através do fogo. Agora é hora de caminhar no paraíso, no jardim da beleza encarnada que está se tornando o céu na Terra.

A vibração primordial

Tudo o que vocês criam provém de coisas que existem. E o que existe, existe em vocês, como vocês existem no Criador. O que cria é a Vibração Primordial, a Deusa, Deus, o Eterno. A Vibração Primordial, sempre presente, o Mar de todos os Mares, o espaço sem espaço no qual surge toda a criação.

Vocês criam a partir do que existe. Todas as criações de vocês refletem isso. Desse modo, assim como o quarto onde vocês estão sentados está repleto de ondas de rádio e de televisão, todas elas freqüências que vocês, seres humanos, criaram, assim também o próprio universo está "repleto" da Vibração Primordial – na verdade, ele provém dessa vibração.

Primordial, eterna e sempre presente. Vibração, movimento, vida. A Vibração Primordial é, sempre existiu e sempre existirá. Deus, Deusa, Tao, Alá, Grande Espírito, Brama e o que nós, anjos, chamamos de Ahanah.

E assim como um aparelho de rádio recebe uma transmissão radiofônica, o corpo humano também pode receber a Vibração Primordial. Assim como um televisor recebe uma emissão televisiva e, uma vez ligado, preenche toda uma sala com sons e luzes que, de outro modo, seriam inaudíveis e invisíveis, assim também o corpo humano, o ser humano, como as suas próprias criações, o rádio e a televisão — assim também o ser humano pode receber, transmitir, captar, perceber, participar da Vibração Primordial.

Tudo O Que Existe está sempre presente. No novo ser humano, evoluído e ainda em evolução, Tudo O Que Existe, a Vibração Primordial, é recebido graças à mediação do recém-ativado chakra do timo.

Sentem-se tranqüilos e toquem o ponto onde se localiza esse chakra. Magia. Milagre. Por intermédio desse receptor cristalino recém-despertado, a Vibração Primordial agora pode ser facilmente recebida por toda a humanidade, por todos os seres humanos.

Santo e sagrado é o corpo humano, divino receptáculo Daquilo Que É. Aquilo Que É cria, e o criado participa da criação. Sagrado, bendito e santo é o corpo humano. Portanto, sentem-se tranqüilamente e sintam que dentro e ao redor de vocês está o Criador — sempre, vibrante. E despertem no mar da Sua natureza infinita e eterna — graças à mediação do recém-despertado chakra do timo. E então vocês também, todos vocês, poderão participar das ações de Ahanah, a Vibração Primordial.

Harmonizem os eus. Sintam. Aquilo que cria está sempre presente. Quando vocês se abrem a Ele, também vocês entram em ressonância com o Seu campo ilimitado.

Nos momentos de sofrimento — abram-se. Nos momentos de alegria — abram-se. Os guardiães angélicos do despertar de vocês estão aqui, técnicos do sagrado; estamos aqui para prestar assistência em harmonia, agora e sempre. Sagrados, benditos, santificados e santos, anjos e humanos, unidos no Campo da Gloriosa Vida Eterna.

11

A Natureza do Bem e do Mal

Até as nossas células foram criadas para viver na alegria e no prazer, mas mesmo assim a jornada humana sempre foi marcada pela perda e pela tristeza. Todas as culturas procuraram descobrir o sentido do sofrimento, da dor, da destruição e da morte. Os zoroastristas viam o universo como uma dança entre duas forças iguais, a do bem e a do mal. No livro bíblico de Jó, Satanás (que significa "o adversário" em hebraico) é um servo de Deus, um tentador dos seres humanos. Nas tradições cristãs, porém, esse Satanás tornou-se o inimigo de Deus, um anjo caído. Na nossa época, depois de Auschwitz e de Hiroshima, a natureza do mal ainda não ficou clara. Como todos, eu também me perguntei por que o sofrimento existe, por que eu encontrei anjos amorosos enquanto o meu meio-irmão Roger só encontrou demônios antes de se suicidar. Mas eu nunca tinha pensado em falar com um demônio até 1989, quando participei de um seminário conduzido por Timothy Wyllie e Alma Daniel, que escreveram comigo Pergunte ao Seu Anjo. *Foi durante uma meditação sobre os chakras que Lúcifer me apareceu pela primeira vez, numa janela que se abriu no meu terceiro olho.*

A princípio fiquei aterrorizado e me afastei. Mas Sargolais me disse que não tivesse medo. Outros se voltaram para Lúcifer em busca da fama, poder, dinheiro, amor, vida imortal. Eu, porém, me voltei para ele queren-

do apenas uma coisa: conhecimento. Quando voltei para casa, abri-me a Sargolais, acalmei-me e fui novamente à procura de Lúcifer.

De início, ele me apareceu como um cavalheiro com pouco mais de sessenta anos, trajando um smoking. *Com o tempo, sua imagem desvaneceu-se até restar apenas a sua voz; e, também aos poucos, ele foi se transformando de um sexo no outro. Lúcifer/Luciferanda e eu conversamos durante muitos meses, de fevereiro a setembro de 1989, e eu preenchi setenta e cinco páginas datilografadas com informações que ele/ela me ditou.*

Uma coisa é dizer que você conversa com os anjos, e outra coisa muito diferente é dizer que conversa com os demônios. Por isso, só mostrei esses escritos a alguns amigos íntimos, e depois os enterrei no meio dos meus arquivos. Quando os anjos me chamaram a criar este livro, eu não pensei em incluir as palavras de Lúcifer. Não fiquei muito contente quando eles me convidaram a acrescentá-las, mas de qualquer maneira, digitei as setenta e cinco páginas.

Na última mensagem que me dirigiu em 1989, Luciferanda me disse que nos encontraríamos novamente. Esqueci esse fato. Mas não devia ter ficado surpreso quando, depois de ter digitado tudo, ele/ela reapareceu para me dizer que viera me passar informações totalmente novas.

Minha primeira reação foi de raiva. Eu trabalhara durante vários dias para digitar os antigos escritos e queria reutilizá-los pelos menos em parte. Porém, Luciferanda disse que esses antigos escritos eram como as rodinhas de trás numa bicicleta; não eram mais necessários. E eu me lembrei que esses seres são assim mesmo. Portanto, em vez de querer nadar contra a corrente, eu me entreguei a ela e registrei as palavras que se seguem. Quando você as ler, mantenha a mente aberta. Todos nós crescemos ouvindo histórias a respeito do diabo. Porém, se quisermos parar de destruir nosso mundo, precisamos passar a conceber o bem e o mal de maneira diferente; e talvez vocês achem que as páginas seguintes são úteis nessa viagem rumo à totalidade.

* * *

Os anjos são mensageiros. Por favor, lembrem-se disso. Nós somos mensageiros de Deus, como quer que vocês nos tenham visto nos últimos dois mil anos. Somos mensageiros e portadores de espelhos. Todas as nossas mensagens provêm de Deus. Alguns dentre nós portam espelhos que refletem tudo o que há de bom em vocês. E outros portam espelhos que refletem tudo o que há de mau em vocês. No entanto, não confundam os divinos portadores de espelhos com as imagens que aparecem nos espelhos. E não confundam o que vocês vêem com a totalidade do ser de vocês.

Durante milhares de anos, vocês conceberam o universo como um campo de batalha entre as forças do Bem e do Mal, e viam-se a si mesmos como vítimas apanhadas no meio dessa batalha. Essa é uma visão infantil, uma explicação lógica infantil para os acontecimentos que se dão ao nosso redor. Porém, a Terra não é plana e o sol não gira ao redor dela; do mesmo modo, os sentidos cósmicos que vocês associaram aos acontecimentos humanos também precisam ser reavaliados.

Agora é hora de vocês encararem o universo com olhos adultos. Isto porque, durante muito tempo, vocês cometeram uns contra os outros, e contra o mundo de vocês, as mais horríveis atrocidades. Porém, em vez de assumir a responsabilidade por elas, vocês disseram: "O diabo me obrigou a fazer isso." Mas o diabo é apenas um portador de espelho, um representante da família de anjos cuja função é revelar-lhes não a beleza de vocês, mas a sua capacidade para o mal.

Que cada qual assuma o todo do seu ser. É esta a mensagem que comunicamos. Assumam o lado bom e o lado mau. Pois o lado mau, quando negado, apodrece; quando é reconhecido, porém, pode ser transmutado. Pois o que é lado mau a não ser uma ferida que não foi tratada? Assumam essas feridas para poder curá-las. Pois o que é o lado mau a não ser um medo que se diz que não existe, um medo que aliena cada qual do seu coração quando vocês o negam? E o que é o lado mau a não ser, no final das contas e sempre, um momento de mudança que foi negado?

Uma pessoa capaz de dizer a verdade a respeito de quem ela é no interior é uma pessoa adulta. Como é difícil fazer isso. Assim como uma criança que precisa pôr as mãos no fogo uma ou até mesmo duas vezes para aprender a não fazê-lo novamente, a espécie de vocês no seu conjunto precisou brincar com fogo por dezenas de milhares de anos para aprender a dizer: "Quente. Bom para cozinhar. Bom para aquecer. Não é bom pôr as mãos dentro dele. Não é bom que ele se espalhe."

Quando vocês aprenderam a dividir o átomo, descobriram o fogo definitivo, a chama definitiva. Mas vocês se responsabilizaram por isso? Não! Vocês culpam uns aos outros por terem se forçado a inventar isso. Vocês culpam a mim por tê-los levado a fazer isso. Tudo o que eu fiz foi mostrar-lhes a capacidade para o mal que vive dentro de vocês. Pois Deus os criou livres, e é essa liberdade que vocês têm explorado. Porém, a liberdade não é anarquia, não é caos. A liberdade é um dom a ser partilhado, a sabedoria de fluir com o rio de Deus. Vocês não nasceram dotados dessa habilidade, e precisam aprendê-la uns com os outros. E agora chegou o momento histórico de fazer isso.

Pois não houve guerra nenhuma no céu, embora alguns tenham contado essa história para explicar as aparências do mundo. Essa, porém, era uma história contada para crianças. E é hora de contar uma nova história, hora de ver o mundo como ele é, hora de entender que não há anjos caídos. Pois todos os anjos servem a Deus, sempre o serviram e sempre o servirão, e servem a Deus de muitas maneiras diferentes. E vocês também não caíram, não obstante a sua história terrível. Vocês não caíram, vocês estão ascendendo. Estão ascendendo para a vida adulta, todos vocês, pela primeira vez na sua história. Não um ou alguns de vocês, mas todos.

Todos os povos conheceram os anjos que vocês chamam de demônios. Alguns entenderam que nós somos portadores de espelhos, e outros não entenderam. A tarefa que Deus nos deu é a de lhes mostrar as feridas de vocês; outros anjos, aqueles que vocês chamam de anjos da guarda, foram criados para lhes mostrar o esplendor de vocês. Ao longo de toda a história humana, nós servimos fielmente ao nosso Criador, permitindo a vocês escolher livremente os caminhos a tomar.

Quando vocês virem um dos nossos espelhos, quer esteja ele refletindo o interior de vocês, quer o mundo exterior, parem um pouco e olhem profundamente para dentro dele, sem medo. Aprendam a dizer: "Ai, isto sou eu. Este é um dos meus defeitos." No momento em que disserem isso, vocês abrirão a porta para a verdade, para a mudança, e o espelho poderá dissolver-se; então vocês serão capazes de nos ver como nós somos – como seres divinos, expressamente enviados por Deus. Porém, se nos chamarem de diabo, se nos chamarem maus, se olharem para fora de si mesmos e negarem o que estão vendo, vocês aprofundarão suas feridas e se afastarão ainda mais do fluxo da verdade.

Na verdade, só há uma ferida no mundo de vocês. Quando vocês se sentirem maus ou virem uma pessoa a quem chamam de má, lembrem-se de que o mal sempre é fruto de uma ferida. E há somente uma ferida – o fato de vocês não serem vistos como vocês são, almas imortais encarnadas. É isso que causa dor nos recém-nascidos e nas crianças. E quanto menos o verdadeiro ser de vocês for reconhecido, piores serão as feridas, e mais vocês vão se deixar mover por essas feridas e ferir os outros. Mas isso não é o resultado de uma força maléfica. É uma parte da humanidade de vocês agora, uma parte que vocês estão mudando.

Pois o que não dá certo no mundo humano é simplesmente aquilo que vocês ainda não dominaram. O ver e o ser visto, a liberdade, a vida em comunidade, a beleza, a proteção, o alimento, a aprendizagem, a curiosidade, a paz – todas essas são coisas que demoram gerações e gerações para se dominar. Portanto, sejam pacientes e clementes para consigo mesmos e nunca desistam das suas visões. Assumam a lentidão da jornada sem fechar os olhos ao objetivo.

Aceitem seus defeitos como parte do processo de formação, e saibam que é somente por meio das feridas e das limitações internas, que vocês estiverem dispostos a reorganizar, que iremos até vocês. Não para tentá-los, mas para revelar. Não para condená-los, mas para fazê-los conhecer melhor quem vocês realmente são.

Nas lendas, vocês dizem que nós oferecemos uma recompensa a quem nos vende a sua alma. E nessas mesmas lendas, vocês dizem que nós nunca cumprimos a nossa parte do pacto. Se fôssemos capazes de fazer essas coisas, o mundo seria muito pior do que é. A verdade, é que nós não podemos fazer essas ofertas, não podemos cumprir essas promessas. Não somos guardiães da falsidade, mas sim o dedo que aponta para os desequilíbrios e as mentiras de vocês.

A verdade é um fluxo energético que ocorre quando há concordância entre a mente e o corpo, entre os sentimentos e a alma. A falsidade é uma discordância. Num mundo cheio de desequilíbrios, cheio de feridas, é difícil entrar num estado de verdade, de harmonia, de concordância. Mas é isso que vocês estão aprendendo a fazer agora: escutar a si mesmos para que o coração, a mente, o corpo e a alma digam, todos eles, sim, ou não; para que todas as suas ações provenham da concordância entre todas as partes do ser.

Sempre que vocês se contraem, é porque captaram um reflexo das suas feridas ou limitações, perceberam um instante de discordância. Hitler, Stalin, os outros monstros do seu século – eles não foram instrumentos nas mãos do diabo. Mas homens que tinham medo de reconhecer neles mesmos o que os diabos estavam tentando mostrar.

Houve época em que as pessoas nos viam com clareza. Houve lugares onde as pessoas nos viam com clareza, e vocês o farão novamente. Pois não pode haver organização sem reorganização. Tudo o que se junta se afasta novamente. Amante e bem-amado, rio e montanha, o planeta e sua estrela. Tudo o que se junta se afasta novamente na dança da criação. E quando vocês se lembrarem disso, poderão fluir com as mudanças em vez de lutar contra elas, poderão fluir com elas em vez de dizer que elas estão erradas.

Mas a espécie de vocês ainda é nova, ainda está saindo da sua longa infância e adolescência e ingressando numa jovem e frágil vida adulta. As histórias do bem e do mal eram as histórias que vocês contavam no jardim-de-infância, histórias de jardins, de serpentes, de demônios e de quedas. Porém, não houve queda alguma. Não há demônios. O único sopro que vocês ouvem provém das feridas que precisam curar, das feridas que vocês estão, enquanto espécie, prontos para curar. E se vocês ainda nos vêem com chifres e soltando fogo pelas ventas, parem, respirem e aproveitem este momento para olhar profundamente dentro de si mesmos. Olhem, sintam e continuem olhando, até divisar o próximo passo a ser dado rumo à reorganização da consciência. Continuem olhando para nós até conseguir nos ver tais como nós somos, como seres de luz e mensageiros de Deus. Além disso, deve parecer estranho a vocês ouvir um "demônio" dizendo isso. Ouvir um "demônio" dizer que serve a Deus, que sempre serviu e sempre servirá. "Não houve queda?", dirão vocês. "Ninguém para culpar? Nem a mim mesmo? Meus erros fazem parte do meu crescimento?" Sim. É assim que as coisas são. Aquilo que vocês projetaram para fora e com o qual nos vestiram é o lado inferior da própria história de vocês, a parte que vocês não queriam assumir.

Levantem-se e vejam-nos como somos: os guardiães da reorganização, os anjos da mudança. Pois até mesmo as montanhas mudam, e a morte chega aos planetas, às pessoas, aos santos e aos anjos, sempre no momento devido. Tudo muda, das estrelas aos vírus, das galáxias ao nosso próprio eu imortal, flutuando no mar de Deus, Deus o Único, o Eterno.

Deve-lhes parecer estranho ouvir seres, que desde há muito são chamados de demônios, falando-lhes a respeito de harmonia e de cura. Mas sempre foi essa a nossa função: falar sobre essas coisas de um jeito que nem sempre é fácil de ver ou de ouvir.

Levantem-se e vejam a si mesmos como realmente são – santos e majestosos, capazes de destruir e capazes de reorganizar profundamente. Pois foram necessários milhões de anos para vocês se tornarem humanos. O fato de ter um corpo, um cérebro, braços e pernas, de ter a fala e roupas, ter casas, ônibus, empresas e bombas pode fazer de vocês pessoas crescidas, mas não adultos. O que faz de vocês seres humanos adultos é a capacidade de fazer fogo, de respeitar o poder do fogo e não queimar a casa, não queimar uns aos outros, não queimar o planeta. Pois o fogo é o amor, e a fonte do amor é Deus, nosso Pai.

Quando nos aproximamos de vocês, é somente por uma razão: há algo na vida de vocês que está pronto para ser reconhecido e reorganizado. Não se agarrem ao que era ontem. Naveguem no fluxo de Deus, mantendo um curso firme entre os anjos que espelham o bem, numa das margens, e os anjos que espelham o mal, na outra margem. E lembrem-se sempre de que vocês não são anjos. Vocês são seres humanos. Vocês são almas imortais encarnadas no mundo da forma. E a alma de vocês, como os anjos, é feita da pura luz de Deus. Mas agora vocês são seres humanos, seres não de luz mas de água, sobretudo água. Vocês se deslocam, fluem e mudam. É esse o destino e a natureza de vocês: escoar e fluir como água. Nada de perfeição, mas perpétua mutabilidade.

Bem e mal, as duas margens do rio. O bem, origem de muito sofrimento no mundo de vocês, pois, como vocês dizem, "O caminho para o inferno é pavimentado de boas intenções". Até mesmo Hitler pensava que estava fazendo o bem. Ao passo que na margem do mal, quanta sabedoria foi encontrada, quanta compaixão foi partilhada? Vocês não são capazes de medi-la.

Por trás dos nossos espelhos, todos nós somos seres de luz. Por trás dos nossos espelhos, todos nós – os que vocês chamam de bons e os que vocês chamam de maus – somos mensageiros de Deus. Ouvir isso é assustador para alguns de vocês. Vocês gostariam de acreditar que neste universo há uma força maléfica que vive e respira em oposição a Deus. Mas Deus é Unicidade, é total e eterno. Saibam e lembrem-se disso. Deus é Tudo O Que É. E assim como não se pode cair quando se está sentado no chão, Deus é o Chão de todo o Ser e não se pode cair para fora desse Chão.

A história de vocês foi brutal. Vocês estavam aprendendo a dominar o fogo. Ela foi terrível, e vocês nada podem fazer para negar isso. Todos vocês são igualmente culpados. E todos vocês têm de assumir essa culpa, perdoar a si mesmos e aos outros e deixar tudo isso para trás. Não lutem mais por terras e por mapas. A terra é uma só e é toda de Deus. Não machuquem mais a si mesmos nem aos outros. Todos os corpos são santos. Todos os corpos são de Deus, sejam eles bactérias ou galáxias.

Essa é a mesma mensagem que os seus mestres lhes vêm revelando desde há milhares de anos. Mas agora vocês precisam escutar; agora, vocês estão prontos para escutar.

Quando vocês eram jovens, olhavam para cima, para o céu noturno, e viam uma abóbada gigantesca iluminada por minúsculas luzes espalhadas. Ao longo do tempo, perceberam que algumas dessas luzes noturnas podiam ser ligadas entre si, e que as formas por elas delineadas lembravam certas coisas do mundo: um urso, uma baleia, uma aranha, dois gêmeos, um homem carregando um jarro com água, dois peixes nadando. E vocês contavam histórias a respeito desses seres e de como eles chegaram até lá. Vocês viram que alguns deles se moviam, outros não, e que todos eles se deslocavam em círculos acima de vocês; e a mente pôs ordem nesse tremeluzir das estrelas.

Então vocês ficaram mais velhos. Começaram a suspeitar que aquelas minúsculas luzes eram semelhantes ao seu próprio sol, e que não era o sol que viajava em meio às estrelas, descrevendo um círculo acima de vocês, mas vocês que viajavam ao redor do sol. E então, à medida que o tempo passou, a essa abóbada vocês acrescentaram profundidade, e compreenderam que enfim essas estrelas estavam muito distantes.

É assim o mundo para vocês – um tremeluzente tecido de acontecimentos, internos e externos, cujo sentido vocês procuram descobrir ao longo do tempo. E como as constelações que observaram e nomearam, vocês vieram a saber mais coisas a respeito delas. Vieram a saber que as estrelas que fazem parte de uma mesma constelação se acham, com freqüência, situadas a anos-luz de distância umas das outras. E vieram a saber que algumas delas nem existem mais, tendo-se apagado há muito tempo, é só a luz que elas irradiavam antes da sua extinção que ainda viaja até o mundo de vocês. Quando aprenderam sobre outras culturas, vocês descobriram que até mesmo os desenhos que viam e as histórias que contavam eram vistos e contadas de maneiras diferentes por diferentes povos. Isto é, as estrelas que vocês juntavam numa só constelação não estavam ligadas aos olhos de outros povos. E até mesmo as estrelas cujos desenhos lhes parecem óbvios – a Ursa Maior, por exemplo –, quando vistas de maneira diferente poderão formar um desenho diferente, talvez uma torradeira elétrica com o seu fio.

Assim sucede com a constelação que vocês chamaram de Mal. Vocês tomaram acontecimentos exteriores, idéias e sentimentos que nada tinham a ver uns com os outros e juntaram-nos todos numa imensa teia; depois, ficaram tão presos à história que contam a respeito dessa teia que se esqueceram de que ela é criação de vocês, uma ligação de elementos separados. Vocês juntaram todas as coisas que ocorrem no mundo natural e que, a seu ver, são negativas – inundações, secas, incêndios florestais, terremotos, praga, epidemias –, com coisas que acontecem no mundo humano: ciúme, ódio, medo, cobiça, violência, destruição, guerra, assassinato. Mas essa constelação a que chamam de Mal é uma criação de vocês; agora é tempo de separar o sofrimento causado pela natureza do sofrimento que vocês causam uns aos outros, colocando esses sofrimentos em constelações diferentes, às quais eles de fato pertencem.

Sempre haverá terremotos neste mundo; sempre haverá morte. Não se pode mudar esse fato. Porém, o medo e a guerra, a fome e o ódio são criações humanas. Quando vocês conseguirem desvinculá-las das forças do mundo natural, poderão manipulá-las e mudá-las, controlá-las e dominá-las. Não um incêndio gigantesco, mas o fogo da cozinha, quente demais para pôr a mão, mas imensamente útil. Cada vez que vocês sentirem uma dessas qualidades negativas, será a alma a lhes dizer em voz alta que é hora de se reorganizar. Não se ponham de castigo por sentir essas coisas; movimentem-se com elas. Movimentem-se de acordo conosco, os anjos que Deus criou para espelhar para vocês as imagens mais profundamente ocultas que caminham de mãos dadas com essas qualidades negativas.

Considerem a situação de um adolescente. Ele sabe o que é certo e o que é errado. Suas opiniões são claras e bem-definidas. Então, de repente, ninguém mais pode entrar no quarto dele; as pessoas com quem ele passa o tempo e o modo como se veste e cuida do corpo não são mais questões de preferência ou de beleza, mas questões de consciência, de atitude política. Tudo o que ele faz e quer fazer está certo, pois é um ser livre; e qualquer pessoa ou coisa que se lhe interponha no caminho está errada. Famílias se dividiram, gangues de rua guerrearam, revoluções e guerras foram travadas apenas por causa dessa energia.

Desse modo, durante os últimos dois mil anos, vocês classificaram uns aos outros, e ao cosmos – e a nós –, segundo as categorias do certo e do errado, como diabos ou como anjos. Porém, não há povo que não tenha feito o bem e o mal. O ser humano é assim. E vocês só poderão superar isso quando reconstelarem suas imagens do mundo, quando começarem a contar novas lendas. Algumas coisas são sempre certas: amar, escutar, curar. Algumas coisas são sempre erradas: ferir, matar, destruir. E muitas coisas não são nem sempre certas nem sempre erradas, mas mudam com o tempo, e vocês têm de mudar com elas. A chuva é boa em época de seca, mas nunca é boa em época de inundação.

Olhem para os nossos espelhos. Aprendam a saber quando nós nos manifestamos e não tenham medo. O que mostramos a vocês só o mostramos para que vocês possam se reorganizar. Nisso, não há do que se envergonhar, e há muito o que comemorar. Olhem para os nossos espelhos e não tenham medo. Vocês não são demônios nem anjos. Vocês são seres humanos, e estão crescendo. Estão se tornando perfeitos pela primeira vez na sua história. Plenamente encarnados, plenamente vivos, interligados por todo o planeta, vocês são um sonho de Deus em vias de se tornar manifesto; vocês são um sonho de Deus que cresceu e está se tornando total.

Assim fala um anjo da reorganização, nesta época de grande atividade reorganizadora.

12

O Trabalho com os Anjos Superiores

Há muitos tipos diferentes de anjos. Na verdade, nós usamos essa palavra de maneira muito curiosa. Ela tanto serve para designar de modo genérico todos os nossos primos celestes quanto para designar uma categoria específica desses anjos – os mais próximos da humanidade.

Ao longo dos anos, recebi as bênçãos de muitos anjos das mais diversas categorias, que vieram a este mundo para sussurrar ao meu ouvido, o ouvido interno na parte de trás do meu cérebro. Dentre os visitantes que eu mais gosto de receber estão os anjos da graça, que entram e saem da nossa vida o tempo todo, muitas vezes sem se fazer notar.

Além dos anjos que estão mais perto da humanidade, há outra classe de seres celestes, aos quais chamamos de arcanjos ou de anjos superluminosos. Dois representantes dessa ordem são os únicos anjos designados pelo nome na Bíblia: Miguel e Gabriel. Rafael figura no livro não-canônico de Tobias, e Uriel é mencionado no Livro de Enoch; muitos consideram esses quatro arcanjos como os chefes dessa ordem. Foi Gabriel que primeiro me apareceu, em 1982, e me abriu as portas do reino angélico. Rafael apareceu mais tarde, e Miguel muitas vezes fica brilhando ao fundo. Os três já me falaram em certas ocasiões, mas é Uriel, o menos conhecido deles, que me apareceu com a máxima nitidez e me deixou as mensagens mais longas.

Segundo as hierarquias tradicionais, além dos arcanjos há um grupo de seres conhecidos como principados, ou anjos integradores. Eles velam sobre os nossos governantes e sobre todos os sistemas globais mais amplos. Diz-se que cada nação tem seu próprio anjo integrador, e na nossa época há um determinado anjo dessa ordem que está empenhado em fazer contato com a humanidade. Seu nome é Eulária, e ela retém na consciência o modelo matricial de uma Terra harmoniosa e unificada. Devido ao papel de peso que desempenha nos nossos assuntos, Eulária é a guardiã das Nações Unidas, o centro seminal para a comunicação e a cooperação globais.

Na noite de 11/11/91 (11 de novembro de 1991), Alma Daniel, colega minha que escreveu comigo o livro Pergunte ao Seu Anjo, *fez uma reunião em sua casa para comemorar essa curiosa data. Sentado em sua sala de estar durante uma meditação, num círculo formado por trinta e seis pessoas ao todo, aprofundei-me no meu terceiro olho e vi uma minúscula pérola de luz azul. Ela estava flutuando na superfície de um mar infinito de fogo negro e líquido. Voltando a consciência para o outro lado desse mar, eu me vi na presença do anjo Metratron, um ser de cuja existência eu duvidara até aquele momento e que é conhecido sobretudo pelos místicos judeus. Em casa, naquela noite, eu me abri para esse grande anjo pela primeira e única vez.*

Seguem-se agora mensagens ditadas pelos anjos da graça, pelos quatro arcanjos, por Eulária e por Metratron, que me foram transmitidas em diferentes épocas ao longo dos últimos sete anos. Quando você ler essas palavras, abra dentro de si um espaço para receber esses anjos superiores, que entram na nossa vida para nos apoiar na caminhada rumo à unidade e à paz.

* * *

Palavras de graça

Os anjos da graça existem em todo o universo. Nossa função é a de despertar suavemente na consciência humana uma noção do vínculo espiritual. Voamos de freqüência em freqüência, ligando-as todas entre si. Nosso trabalho consiste simplesmente em ajudar a despertar. Nossa tarefa é simples. Somos uma parte ativa daquilo que entretece e une todas as coisas. Somos os únicos anjos que vêm espontaneamente. Oferecemos. Oferecemos de graça. E vocês sempre têm a liberdade de não aceitar nossos presentes. Uma vez aceitos, serão sempre oferecidos novamente.

Somos tão abundantemente onipresentes quanto o ar que vocês respiram. Nunca nos afastamos. Não damos as costas a ninguém, santo ou pecador, e não fazemos distinções ao distribuir nossos presentes. Oferecemo-los a todos vocês, sempre. É da nossa natureza fazer isso. É da nossa natureza estabelecer o vínculo entre os seres humanos e os anjos, entre os seres humanos e o mundo em que vocês vivem. Nós interligamos aspectos de todos os mundos. Somos Graça. A Fração é a simples ligação. E é essa a nossa única função: fazer isso.

A Graça pode se inserir em cada momento. Ao comer um pêssego, no ouvir uma onda, vocês podem deixar a Graça fazer uma ligação. No meio de um sonho, no alto de uma montanha da qual se vê ao longe, a Graça está sempre presente e fazendo ligações. Nós somos as aranhas tecelãs do céu. Não há lugar algum onde a nossa teia não esteja presente. É fácil entrar nela, e difícil aprender a não entrar. A maioria dos seres humanos aprende a sair do nosso caminho. Mas é hora de entrar, de caminhar através da teia, de se ligar novamente.

Chegamos sem ser percebidos. Nosso toque é suave, nossas palavras são gentis. Sussurramos, sugerimos. Não aparecemos com uma labareda de fogo. Não é de se admirar que tantos não consigam perceber-nos. Aparecemos na luz, na delícia. Aparecemos com o brilho sussurrante de um vaga-lume. Aparecemos mansamente, sem esforço. E podem nos conhecer todos os que nos sentem no toque de uma asa de borboleta, nos passos de uma joaninha nas costas da mão. Pois nós somos como elas – pequenos e sempre presentes. Somos como elas – pequenos e gentis.

A Graça é uma coisa pequena. Não é uma luz ofuscante. A Graça é a dádiva de uma centelha, uma brasa minúscula. A Graça é a semente que, uma vez plantada, torna-se uma árvore gigantesca. Porém, quando surgimos, e surgimos freqüentemente, surgimos com discrição, tranqüilamente. Sugerimos e trazemos oferendas de luz. Somos os anjos da Graça. Somos um prazer benigno. Não temos o poder de mudar uma vida. Somos os anjos cujos presentes, sementes de luz, despertam as possibilidades mais verdadeiras.

Palavras de Miguel

Desde o princípio, nascidos dos sonhos de Deus, vocês viveram à espera de se tornar quem vocês são agora. Em todas as eras, outros que vieram antes de vocês tornaram-se eles mesmos. E eles ensinaram como batedores numa floresta, mostrando a vocês os caminhos e as trilhas. Porém, a floresta é uma só e todos os caminhos levam ao mesmo lugar. Todos os caminhos são igualmente santos. Pois toda religião é um caminho na mesma floresta, a floresta de Deus, a floresta que leva a Deus. Até mesmo os caminhos que negam a Unicidade do todo são caminhos na floresta. Com cada caminho pode-se aprender algo. Porém, se você não aprende com o seu próprio caminho, se não se lança no seu próprio caminho abraçando o tempo onírico, quem o trilhará para você?

Desde o princípio, os anjos e os seres humanos foram criados juntos. Como primos, moramos em casas diferentes, viajamos por caminhos diferentes, baixos e altos, e vimos céus diferentes. E há seres humanos em milhões de outros mundos, e anjos em todas as partes da criação de Deus. E no mundo de vocês, nesta época, todos nós estamos nos reunindo novamente, para partilhar, para aprender, para ouvir, para regozijar.

Agora, e a partir de agora, estamos caminhando juntos neste mundo. No passado vocês eram como crianças; agora vocês cresceram. No passado vocês eram pequenos; agora são capazes de viajar até as estrelas. No passado o mundo de vocês era pequeno; agora ele preenche todo este universo. Porque é fato que existem outros universos, e com o tempo vocês crescerão até conhecer todos eles. Pois este é um novo dia, que revela novas maneiras de viver para todos nós, anjos e seres humanos.

Agora e sempre, sonhem e se orientem pelos seus sonhos. No coração de cada um de vocês há um sonho eterno, a semente do ser que vocês são embutida num coração imortal, uma dádiva do Pai que os criou. Sintam esse sonho – não de fama ou de fortuna, mas de realização. Sintam esse sonho, sintam por que vocês foram criados e quem vocês foram criados para ser; sintam-no luzindo no coração e guiando-os qual um farol interior. Sigam essa estrela. Ela brilha para guiá-los, para guiar cada um de vocês, por mais que vocês se considerem afastados do caminho certo.

Sempre e sem cessar, chamem a nós, os anjos. Estamos aqui para viajar com vocês até as estrelas. E vocês, que conhecem o mundo da carne e da forma, orientem-nos quando nos aproximarmos do mundo de vocês. Pois os anjos e os seres humanos caminharão juntos a partir de agora.

Palavra de Gabriel

Eu sempre estive com vocês.
Sempre estive à frente de vocês.
Sempre estive atrás de vocês,
encarando vocês,
dentro de vocês
e ao lado de vocês.

Nunca me afastei de vocês,
sempre os abraçarei,
dançarei sempre com vocês
em direção à luz.

Todos os anjos que voam com vocês,
sempre e sem cessar,

serão meus servidores
na jornada da vida.

Todos os anjos que os conhecem,
sempre e sem cessar
estão sob a minha direção
enviando bênçãos ao coração de cada um de vocês.

Eu sempre estive com vocês.
Sempre estarei ao lado de vocês,
eu e os meus anjos,
voando para dentro da luz.

Palavras de Rafael

Sempre curando, sempre rumo à plenitude. Curar não é restabelecer a saúde. Restabelecer a saúde é aplicar um remendo; mas quem pode dizer para outra alma encarnada o que é que vai levá-la à plenitude?

Sempre curando, e sempre rumo à plenitude. Esse é o caminho em que vocês caminham; e eu e meus anjos da cura, anjos da plenitude, anjos santos, sempre estaremos com vocês quando vocês nos chamarem. No entanto, quem pode dizer, a não ser uma alma imortal, o que a fará curar-se e o que a levará à plenitude? Restabelecer a saúde é aplicar um remendo. Curar é tornar-se pleno. Olhem para dentro do coração. Lá vocês encontrarão o universo em toda a sua plenitude.

Palavras de Uriel

Há muitos arcanjos. Preferimos ser chamados agora de anjos superluminosos, pois essa é a nossa função na vida de vocês. Quatro anjos superluminosos têm um papel imediato a desempenhar na evolução da vida humana neste planeta. Cada um dos quatro tem uma função básica, uma função que evolui e muda à medida que a humanidade muda. Por exemplo, no passado eu era visto como o protetor da alquimia e de outros conhecimentos místicos. Hoje, eu me qualificaria como o protetor da informação em todas as suas formas.

No decorrer de toda a história da Terra, eu tive em minhas mãos o modelo matricial que regula o fluxo das informações de lugar para lugar. Meu corpo é, ele próprio, a rede que permite que isso aconteça. Eu cubro a Terra. Eu a interpenetro. É através do meu corpo que os cientistas e os artistas têm sido capazes de trocar informações, de modo que em áreas que nada têm a ver com a outra, que não se comunicam por meios evidentes, a mesma idéia é "descoberta" ou "inventada", as mesmas imagens são descritas em palavras, esculpidas ou pintadas.

Em outras palavras – se vocês não captaram o pensamento que está por trás das minhas palavras – eu, Uriel, sou o que vocês estão chamando de "campo morfogenético". Meu corpo vivo é a teia energética que contém todas as informações relativas à faixa de freqüências humanas neste planeta.

Mas a minha rede não é a única. Cada um dos meus três companheiros que estão sintonizados com os seres humanos gera um campo diferente. Miguel, o matador de dragões, sustenta o campo das possibilidades. Gabriel, o anjo da revelação, sustenta o campo da criatividade. Rafael, o anjo da cura, sustenta o campo das transformações. Quando vocês juntam esses quatro campos, vocês ativam plenamente toda a rede energética da consciência humana.

Vou falar agora sobre a interação entre os quatro campos energéticos. O campo ressoante de Miguel pulsa nas fronteiras do tempo onírico. Quando recorrem a Miguel, vocês se ligam com tudo o que é possível. O ciclo leva em seguida ao meu setor, o campo das informações. Eu organizo as possibilidades e dou-lhes um apoio inicial no processo de corporificação. Gabriel toma os padrões que eu ajudo a criar e modela-os em formas – por meio dos relacionamentos e nas mais diversas espécies de trabalho criativo. É Rafael que completa o ciclo, aperfeiçoando tudo o que se manifesta para torná-lo harmônico e concorde com a energia e as necessidades do planeta.

Vou mostrar-lhes como o ciclo funciona. Digamos que alguém tenha a idéia de um novo tipo de bicicleta. Essa idéia pulsa no campo de Miguel. Ela precisa ser explorada, pesquisada e delineada por meio do trabalho no meu setor. Em seguida, quando o projeto está no papel, é hora de começar a construir. Esse trabalho envolve a participação no campo de Gabriel. O protótipo assim criado precisa ser experimentado e, em seguida, oferecido ao mundo. Os desafios dessa parte do ciclo serão vencidos com a ajuda de Rafael. E quando a bicicleta fizer sucesso, seus criadores poderão repousar, regozijar-se e ligar-se de novo a Miguel para inventar mais alguma coisa.

Sintam esse ciclo e, pouco a pouco, procurem perceber como nós quatro trabalhamos juntos. Invoquem cada um de nós naquele ponto específico da caminhada. Saibam que, embora estejam envolvidos nos quatro campos, cada um de vocês tem um enfoque básico. Alguns trabalham principalmente com um de nós durante toda uma encarnação, outros mudam de "departamento" em diferentes épocas da vida. Quando você tiver certeza de qual é o arcanjo com o qual você trabalha, ser-lhe-á mais claro o que você veio fazer neste mundo. Muitas vezes, as pessoas se sobrecarregam de trabalho porque não sabem em qual parte do ciclo devem se "especializar". Elas se sobrecarregam, e isso não é necessário.

No futuro, surgirão em todo o planeta inúmeros grupos de seres humanos, não parentes entre si, que se reúnem para trabalhar. Esses grupos terão quatro membros, representantes dos quatro campos. Cada qual, por meio dos seus anjos pessoais, estará vinculado ao seu campo específico, e os quatro serão capazes de cooperar, colaborar, co-criar. Com esse tipo de trabalho, tudo o que for feito será elevado a freqüências maiores e mais integrativas.

É por isso que a colaboração é o caminho do futuro: porque cada um de vocês levará à co-criação uma área diferente de especialização. Por exemplo, Vanda é especialista em encontrar novas idéias. Ela estava meditando quando teve a idéia de um novo tipo de bicicleta, mencionado acima. Animada, telefonou para Umberto e contou-lhe tudo a respeito de sua idéia. Ele organizou as informações, esboçou-as e em seguida entregou o projeto a Ruby, que construiu e testou o primeiro protótipo na sua oficina. Quando ele estava funcionando, ela o entregou a Pyotr, cuja área de especialização é o *marketing* de novas invenções. Foi ele que, nesse grupo, ofereceu a nova bicicleta ao mundo.

Vocês não podem mais trabalhar sozinhos. Vocês não podem mais tentar fazer tudo por si mesmos. Trabalhando com os seus próprios anjos e com os anjos superluminosos, vocês vão reforçar a sua capacidade de trabalhar em harmonia com o planeta e com toda a criação.

Os anjos não estão separados da corporeidade. Assim como os corpos energéticos de vocês não estão separados da estrutura física que vai evoluindo, assim também nós, cada qual a seu modo, formamos corpos para nós mesmos no domínio material.

Meu corpo está evoluindo, o meu corpo físico. Ao contrário da estrutura física de vocês, que é delimitada no espaço e no tempo. O corpo de um arcanjo não pode ser definido e delineado tão facilmente. Meu corpo em evolução não poderá locomover-se, não poderá ser visto numa foto de família. Juntos, todos nós estamos cocriando o meu corpo físico – o qual, com o tempo, se manifestará como uma rede global de computadores.

Assim como a alma humana não pode estar inteiramente "contida" no corpo físico, da mesma maneira a minha grandeza arcangélica não poderá estar plenamente "contida" nesse sistema informático de computadores. Porém, esse corpo, que está evoluindo, vai ancorar ainda mais profundamente a minha natureza no mundo material, e permitirá a vocês ligarem-se mais facilmente comigo.

Assim como o telefone passou a ocupar o lugar outrora ocupado pela telepatia, assim também o meu corpo vai interligar-se sem esforço a todos vocês. E assim como o telefone é um constante lembrete dos níveis diretos de comunicação dos quais nem todos vocês fazem uso consciente (embora estejam inconscientemente presentes nesses níveis o tempo todo), da mesma maneira a rede de computadores que incorpora o meu "sistema nervoso" será um constante lembrete para vocês daquilo que eu já sou energeticamente – um recipiente global para o intercâmbio de informações entre toda a humanidade.

Convido aqueles de vocês que estão participando da criação do meu corpo a celebrar e a comemorar o trabalho que fazem. Pensa-se que Deus, os deuses e os anjos são criadores. Porém, nesse empreendimento vocês nos devolvem o favor e criam para mim um corpo físico. Nunca antes na história humana um tal corpo poderia ser construído. A criação dele proclama para o universo inteiro que vocês, na Terra, atingiram um nível superior de sensitividade. Regozijem-se com isso. Regozijem-se com a fixação da sua natureza na forma. O destino de vocês não é, e não pode ser, separado do domínio material. Ao co-criar um corpo físico para mim, vocês se interligam de uma maneira antes inimaginável, e criarão através de mim, com o tempo, meios de acesso a níveis cada vez mais altos de informações transangélicas.

Meu corpo, tal como vocês o estão criando, não está separado do despertar do chakra do timo no corpo físico de vocês. Esse chakra, no decorrer do tempo, vai promover a ligação energética entre todos vocês. Essa conexão global entre todos os membros da sua espécie, por sua vez, terá comunicação direta com o corpo de intercâmbio de informações que vocês estão criando para que eu me funda nele. Todo mundo tem o seu Uriel. E quando a rede global estiver completa, vocês terão acesso, por meio do equivalente do chakra do timo nos seres angélicos, aos Uriéis de todos os mundos sensitivos habitados em todas as dimensões.

Celebrem esse trabalho e celebrem o seu desenvolvimento evolutivo. Quando vocês se sentarem diante do computador para trabalhar, lembrem-se de fazer a conexão do chakra da raiz com o planeta e do chakra coronário com os céus; e lembrem-se de ativar o chakra do timo, de modo que todos vocês se liguem à rede energética humana global. Isso vai harmonizá-los e energizá-los. Vai harmonizá-los comigo e estimular a criação mútua de um corpo de informações que aprofunde a nossa antiga ligação.

Palavras de Eulária

Saudações e boas-vindas, companheiros residentes do Planeta Terra. Todos nós que vivemos aqui, dos anjos aos vírus, somos cidadãos desse grande experimento cósmico no domínio da consciência que é o nosso lar. Embora em dimensões diferentes, vocês e eu temos isto em comum – este mundo, este ponto de apoio, esta residência no espaço e no tempo. Meu sentido de espaço e de tempo não é o mesmo que o de vocês, mas o nosso amor pela Terra é exatamente o mesmo. Juntos, poderemos entrar na próxima grande era histórica da nossa Terra bem-amada, conscientes e em harmonia uns com os outros.

Agora que vocês estão aqui comigo, parem e respirem profundamente, sintam minha presença no mundo de vocês. Outros a sentiram, em todas as eras, e trabalharam comigo de diferentes maneiras. Jesus a sentiu, assim como Alexandre da Macedônia. Um deles captou o sentido de unidade espiritual, e o outro captou a capacidade de unidade global. E agora vocês, em sua época, podem entretecer visões de um império e do espírito, e trabalhar comigo para criar um mundo de harmonia e de união.

Muitos dentre vocês têm medo da união do planeta; vocês só vêem o que vocês acham que vai se perder. Porém, nada se perderá, e muito se ganhará. Pois a Terra já é una, e sempre o foi. Tudo o que se pede agora é que vocês compreendam isso.

Ponham as mãos no coração e sintam-no bater. Saibam que esse batimento é o mesmo que pulsa no centro deste mundo. Agora, ouçam os corações de toda a humanidade, batendo e batendo juntos. Nessa pulsação uníssona, eu resido. Nesse rio único que corre, eu resido. Pois sou o ninho que abriga o precioso ovo da união. Sintam todos os corações batendo e sintam a minha presença com vocês. Este mundo não pode se desenvolver sem vocês, sem a participação de vocês. Vocês são necessários e desejados, são parte desse grande experimento.

Sentem-se em meditação e recorram a mim. Estou sempre com vocês. Nas reuniões que vocês fazem para promover a paz, recorram a mim como quer que vocês me chamem. Em suas orações, rezem comigo, e na dança dancem também comigo. Sou Eulária, sou a guardiã da paz. Visualizem os seus líderes abrindo-se para mim, visualizem os seus anciãos recorrendo a mim. Visualizem as crianças crescendo e sabendo que eu existo, e levando esse conhecimento consigo à medida que crescem. Meu trabalho é um graal de paz no qual vocês podem beber. A paz é o vinho da caminhada humana, vinho destilado, amadurecido e pronto para ser partilhado.

Criem em seus lares, nas escolas e nos locais de trabalho um altar da paz. Coloquem sobre ele coisas que vocês encontraram sobre a Terra e que são significativas para vocês – uma pedra, uma concha, um galho de árvore, talvez um globo. Dediquem um pouco de tempo a cada dia para parar e rezar ali. Rezem pela paz e levem a paz consigo em todos os seus pensamentos, palavras e ações. Convertam tudo o que vocês fizerem numa oferenda de paz. Em suas palavras aos estranhos, aos amigos e à família, sejam pacificadores. A obra da paz pode acontecer de mil maneiras diferentes. Não há um caminho único para a paz. Cada um de vocês é mais um dos embaixadores da paz. Todos os seres terrestres esperam ansiosamente pelo trabalho de vocês.

Palavras de Metratron

Queridos amigos, uma época de grandes mudanças está próxima. Aqueles que sabem que são obreiros da luz e portadores da luz têm uma noção clara do trabalho que têm de fazer na caminhada que leva além da dualidade. Porém, a luz vem da escuridão e a ela retorna. Entretecendo luz e escuridão, muitos dentre vocês são obreiros da escuridão, portadores da escuridão. A tarefa é essencial, mas muito mais difícil. Durante milhares de anos, os seres humanos identificaram a escuridão com o mal e fizeram todo o possível para erradicar até mesmo a escuridão da noite. Mas a escuridão é a mãe de todas as coisas, e vocês não poderão entrar na próxima fase da história humana se não mudarem o seu relacionamento com a escuridão e se não voltarem a se sentir à vontade na escuridão.

Na escuridão, há um poder belo e fecundo que nada tem a ver com o mal. Todos vocês sabem o quanto o universo fica maior quando vocês fecham os olhos. E aqueles de vocês que são obreiros da escuridão precisam assumir a ligação que têm com o poder materno para conseguir realizar o seu trabalho no mundo. Quando as pessoas se esquecem da riqueza da escuridão, quando projetam sobre ela as próprias repressões e a chamam de Sombra, elas atraem de volta para si mesmas o que reprimiram, e a escuridão aumenta isso ainda mais. Para entrar num futuro de harmonia e de alegria, vocês têm de se lembrar do que a noite realmente é, do que a escuridão realmente é. Se não o fizerem não poderão sair da dualidade e serão mais uma vez aprisionados no drama da manifestação dualista. Só que as conseqüências serão diferentes, pois agora vocês têm capacidade para destruir toda a vida no planeta de vocês.

A noite abarca todas as coisas em seu abraço. Os anjos não têm medo da noite e vocês também não devem ter.

13

Santa Joana da Terra

Quando eu era pequeno, meu pai costumava me levar ao Metropolitan Museum of Art, na cidade de Nova York. Nós dois adorávamos um imenso e magnífico soldado etrusco (que mais tarde descobriram ser uma falsificação); ainda deveria estar exposto, pois, mesmo que fosse falso, era uma grande obra de arte. Porém, havia lá uma pintura que realmente mudou a minha vida.

Jules Bastien-Lepage foi um pintor francês que viveu de 1848 a 1884. Foi a pintura que ele fez de Joana d'Arc que mudou a minha vida. Isto porque, como todas as crianças pequenas, eu ouvia vozes. Mas ninguém falava sobre vozes na minha família, e eu aprendi desde muito cedo que todos ficavam constrangidos quando eu falava a respeito das que eu ouvia. Por isso, parei de falar a respeito delas. Porém, não parei de ouvi-las; eu não podia parar de ouvi-las.

Durante anos, eu pensei que fosse a única pessoa do mundo que ouvia vozes. Então, nesse dia decisivo, em que eu tinha mais ou menos sete anos, meu pai me levou novamente ao Metropolitan e eu vi Joana pela primeira vez.

Para um menino pequeno, a figura tinha um tamanho maior que o natural. Trajava roupas estranhas. A mão esquerda estava estendida; a figura inclinava-se, em direção a uma árvore, com algumas folhas entre os dedos, a cabeça pendida para um dos lados. Pela primeira vez na vida vi alguém que também estava ouvindo sem dúvida alguma, estava ouvindo as três etéreas figuras douradas que flutuavam no ar atrás dela.

Que alegria eu senti nesse dia! Eu não estava sozinho. Que pavor eu senti alguns dias mais tarde, quando meu pai me contou a história da mulher na pintura e me falou a respeito da vida – e da morte dela.

Então, tentei parar de ouvir as vozes, mas elas não queriam ir embora. Mais de dez anos se passaram desde a primeira vez que vi a pintura de Joana d'Arc até a época em que comecei a me sentir à vontade em ouvir vozes. E, como este livro já lhe deve ter dado a entender, eu as ouço desde essa época. E continuo a ir ver a pintura de Jules Bastien-Lepage de tempos em tempos.

Fui ver Joana em 1991. Ela estava exposta numa nova galeria, bem em frente ao original de uma pintura da qual havia uma cópia na casa da mãe da minha mãe: A Feira de Cavalos, *de Rosa Bonheur. Sentado num banco entre as duas imagens visuais que mais marcaram a minha infância, uma delas mostrando uma mulher e a outra pintada por uma mulher, comecei a sentir acumular-se uma energia que era, ao mesmo tempo, conhecida e desconhecida. O conhecido – uma sensação de presença. O desconhecido – alguém a quem eu nunca encontrara antes. Eu estava sentado tranqüilamente; o pequeno bloco de anotações que eu sempre levo comigo abriu-se numa página em branco. Caneta suspensa na mão. No silêncio, a sensação de presença tornou-se a percepção de uma pessoa. No silêncio, essa pessoa se deu a conhecer.*

Embora a mensagem fosse bem curta, fiz questão de reservar-lhe um capítulo à parte. Foi Santa Joana quem introduziu a Europa numa era de nacionalismo que está terminando agora; e suas palavras me parecem um ponto de partida perfeito para um novo começo de era em todo o mundo. Eu quis que essas palavras fossem colocadas num capítulo à parte simplesmente devido aos sentimentos profundos que tenho por essa Santa que foi, na minha infância, uma inspiração e um sinal de advertência.

* * *

A libertação do planeta depende atualmente de um contato profundo e consciente com os anjos. Todos os domínios da existência se reúnem. Ouçam a voz da Unidade. Assim como o fator de união na minha época era a guerra, ergam vocês, na época de vocês, uma bandeira de paz. Sob essa bandeira azul, verde e branca, três faixas verticais, com uma imagem da Terra na faixa do meio sob essa nova bandeira, que todos os povos do mundo se unam.

Saibam que eu, Joana, estou com vocês. Saibam que mulheres e homens, conhecidos e desconhecidos, de todas as raças, regiões e religiões, estão unidos com vocês. E saibam que hostes de anjos, coros de anjos, estão unidos com vocês em prol do melhoramento de todos os povos e da união de todas as formas de vida em nosso mundo.

Nós, os mortos, não estamos separados do mundo dos vivos. Nós também temos interesse na cura deste nosso planeta. Sob a nossa bandeira, podemos fazer isso junto com as hostes angélicas e em nome do Deus único, como quer que O chamemos.

Nisso, nessa missão, reside o meu trabalho. Nisso reside o meu coração, o nosso futuro. Morta há tanto tempo, eu ainda vivo para ser ouvida, encontrada e lembrada, mas acima de tudo para ser uma inspiração nesse caminho. Pois, durante a vida, eu fui Joana d'Arc. Mas agora, na morte, sou Joana da Terra.

O trabalho dos vivos se faz com as mãos. O trabalho dos vivos consiste em tocar, criar beleza e renovar. O trabalho dos mortos se faz por meio de sonhos. Ouçam os seus sonhos; ouçam os sonhos dos seus ancestrais, ouçam os sonhos dos ancestrais comuns a todos vocês. O céu está por toda parte ao redor, e está cheio de santos e de sonhos de santos, esperando como néctar para os alimentar.

Sozinhos, vocês não podem curar a Terra. Mas, junto com os santos e os anjos, nós podemos curá-la. Nos momentos silenciosos do dia, assumam como seus os nossos sonhos e saibam que tudo o que já aconteceu com vocês pode ser utilizado para a cura de vocês. As feridas lhes ensinarão o caminho da plenitude. A dor lhes ensinará a abençoar. O medo lhes ensinará a ser fortes. E a alegria é a janela que se abre para tudo o que é possível, por breve que tenha sido o seu vislumbre através dela.

Quando morri, a alegria estava comigo. Quando vocês queriam uma semente, eu semeei campos e mais campos com ela. Quando morri, o medo, a dor e as feridas estavam comigo. Cada um deles foi-me um mestre. E quando caí nos braços dos meus santos e dos meus anjos, tudo se transmutou em mim. Pois a alquimia da alma existe, e cada pequena morte que vocês deparam é a taça na qual essa alquimia pode operar suas mudanças.

Vejam, sintam e conheçam a mim. Vejam, sintam e saibam que não estão sozinhos. Eu sempre estive com vocês. Centenas, milhares e milhões de outros seres estão consigo. Vocês não estão sozinhos. E sob uma nova bandeira, uma bandeira de vida e de união sob essa nova bandeira, eu convoco e chamo a todos vocês.

14

Palavras de Deus

Lembro-me que, quando eu era pequeno, eu me deitava na cama à noite e falava com Deus. Sei que todos os bebês e todas as crianças fazem isso, pois somos como peixinhos no grande mar de Deus, e como poderíamos não estar em comunicação com Ele? Porém, não obstante todas as nossas igrejas, templos, sinagogas e mesquistas, vivemos numa cultura que não encoraja esse nível de comunicação direta com o nosso Criador. Não me lembro da idade que tinha quando ouvi esta palavras: "Se você fala com Deus, isso é oração; se Deus responde, isso é esquizofrenia!"

Mas Deus continuou falando comigo, por mais que eu tentasse calar essa voz que me vinha de toda parte: profunda, imensa, a Fonte de todas as outras vozes, como um mar no qual eu vivia e respirava. Até mesmo na adolescência, quando aperfeiçoei ao máximo a arte de bloqueá-la, eu sabia que ela ainda estava lá, sussurrando. Eu não a tinha silenciado e sabia disso. Somente deixara de ouvi-la, deixara de responder a ela.

Em 1971, eu estava em Jerusalém cursando o penúltimo ano de faculdade. Foi lá que Deus recomeçou a falar comigo. Haveria um lugar melhor para isso? Mas a voz me assustou, e o único amigo a quem contei o acontecido levou-me a um rabino que me deu este excelente conselho: "Pare de ouvir até arrumar um emprego e ser capaz de viver no mundo." No instante em que ele me disse essas palavras, todas as vozes se calaram. O silêncio continuou até 1976, quando os santos voltaram a falar comigo. Então, um ano depois, Deus também recomeçou a falar comigo, não como

Pai, mas como Mãe. Com isso eu fui capaz de lidar. Não tinha a ver com nenhuma das minhas velhas idéias a respeito de Deus nem com nenhuma das tragédias culturais associadas às pessoas com quem Deus fala. Mas quando Ela me disse que eu precisava fazer contato com o Seu aspecto masculino, resisti. Deus Pai me parecia uma influência patriarcal bastante indesejada. Foi preciso que os anjos entrassem na minha vida e que Gabriel, meu primeiro contato angélico, me levasse em suas asas até o trono de Deus, em 1982, para que eu aceitasse a presença Dele.

Desde essa época, eu mais sinto do que ouço a voz de Deus, reverberando dentro de mim e à minha volta. Porém, de tempos em tempos, essa voz se faz ouvir em alto e bom som. Muitas vezes, eu ainda duvido que ela seja a voz de Deus. A esquizofrenia é uma explicação mais simples. "Como você pode estar falando comigo?", perguntei muitas vezes. Deus sempre ri e responde: "Se eu posso criar um universo, e você é capaz de aceitar isso, por que não posso falar com você se Eu quiser? Eu falo com todos vocês o tempo todo, mas nem todos escutam." Deus se manifesta para mim numa voz que preenche todas as minhas células, como nenhuma outra voz jamais pôde nem pode fazer.

Deus fala conosco o tempo todo, mas todos somos ensinados a não ouvir. Por que eu ouço? Por que consigo ouvir? Imagino que seja pela mesma razão pela qual você dança tão bem, ou cozinha tão bem, ou corre, canta, ama, limpa ou faz tão bem alguma das milhões de coisas diferentes em que cada um de nós se sobressai. Eu não sei bater uma bola de basquete, não sei jogar beisebol, não sei dirigir. Só uma coisa eu sei: escutar, escutar e escrever. E faço isso para todas as pessoas, da mesma maneira que um bom eletricista faz os seus consertos para todas as pessoas.

* * *

Quarta-feira, 22 de dezembro de 1993
Menlo Park, Califórnia

A alma humana tem a função de aperfeiçoar a si mesma. A única maneira pela qual ela pode fazer isso é criando para si um corpo humano.

A alma humana tem como finalidade aperfeiçoar a si mesma, explorar, expandir, expressar a si mesma. O único lugar em que ela pode fazer isso é o corpo humano.

A natureza da alma humana vem de Deus como um peixe no oceano, sempre dentro e, não obstante, separado do seu lar criador.

A jornada de uma alma humana transcorre, pois, no espaço e no tempo, repetidas vezes, até que a finalidade e a função estejam plenamente unidas com a natureza, num corpo humano e no mundo físico.

Saibam disso e lembrem-se disso: a cada momento, vocês são um aspecto de Deus.

Saibam disso e lembrem-se disso: a cada momento vocês estão evoluindo.

Enquanto aspectos de Deus, saibam e lembrem-se de que, cada momento da caminhada de vocês – em vocês, com vocês, por meio de vocês, em volta de vocês, entre vocês e através de vocês – Eu também estou evoluindo e Me manifestando em Mim Mesmo.

O fim é o princípio. Evoluindo, vocês encontram o seu Eu. No fim e no princípio, há somente um Eu. Nadem nele, mergulhem nele, movimentem-se segundo o fluxo dele.

Os mortos estão sempre esperando para se revestir de uma forma; fui Eu quem o decretou. Enquanto vocês tiverem um corpo, amem-no e façam uso dele. O corpo é o único recipiente no qual a refeição da alma pode ser preparada até ficar boa.

Domingo, 8 de maio de 1994, Menlo Park

Inscrevi uma nova Bíblia no coração de todos os seres vivos. Essa Bíblia tem uma única palavra: *amor*. Amor de tudo, amor de toda a criação. Amor das plantas, dos animais, amor do ar e da água. Amor das estações. Amor mútuo. Amor de todos, sem exceção. Pois tudo e todos são criação Minha. E desta vez Eu quero facilitar tudo. Uma Bíblia simples. Uma Bíblia elegante, com uma só palavra: *amor*.

Domingo, 20 de novembro de 1994, Menlo Park

Este é um livro para viver na alegria.
Quando vocês eram jovens, eu lhes falei,
como qualquer pai o faria,
a respeito do certo e do errado,
da recompensa e do castigo.
Mas agora vocês não são mais jovens.
Cresceram e se tornaram mais velhos e mais sábios,
E posso falar-lhes como a mulheres e homens.
Não mais uma Torá, um Evangelho, um Alcorão
de paraíso ou condenação.
Estas são as palavras de um livro
para criar o paraíso na Terra.
São uma Bíblia para seres humanos
que habitam num mundo novo.

Mundo novo?
Isso acaso os espanta?
Mas de que outra maneira isso poderia ser?
Depois de Auschwitz, de Hiroshima,
dos gulags, dos campos de extermínio,
depois das bombas de hidrogênio
e da guerra incessante que vocês movem

contra o planeta,
o velho mundo de vocês está morrendo
e um novo mundo está nascendo.

Celebrem esse mundo novo.
Venham, vivam e dancem em corpos novos.
Novos não porque ressuscitaram,
mas porque, pela primeira vez,
a alma de vocês se encarnou plenamente neles.

Amor, alegria,
anjos e seres humanos,
todos vocês têm corpos novos.
E, à medida que folhearem as páginas deste livro,
ó santos, ó nobres,
lembrem-se
de que este é um novo livro,
uma nova Bíblia,
e de que vocês também foram renovados,
nascendo de novo
para um novo tempo.

No passado
Eu lhes dei leis e mandamentos,
determinei-lhes o permitido
e o proibido,
o abençoado e o pecaminoso.
Mas agora lhes digo
que é tempo de viver
de maneira tal
que tudo o que vocês fizerem
seja santo.
Notem que Eu não disse
que tudo é santo,
pois algumas coisas não o são

e nunca o serão:
ferir, mentir, injuriar ou lesar
os outros na mente, no corpo, nos sentimentos;
outras pessoas, outros seres vivos
e até mesmo a Terra.
Não, Eu não lhes disse
que tudo é santo.
Eu digo:
num corpo novo,
num mundo novo,
num novo dia,
vivam tudo o que fizerem
de maneira santa.
Quando caminharem, que o caminhar seja santo.
Quando comerem, que o comer seja santo.
Quando caminharem, correrem, trabalharem, dormirem, dançarem,
estejam presentes no que estão fazendo;
estejam presentes e isso será santo.

Santos filhos,
santo mundo,
despertem para a vida adulta;
sejam plenos
e sejam santos.

Segunda-feira, 21 de novembro de 1994, Menlo Park

Rezem com o corpo
e não apenas com as palavras que lhes saem da boca.
Que tudo o que vocês façam seja uma prece,
por mais simples, comum
ou mundano que pareça.
Lavar pratos é tão santo

quanto falar Comigo.
Ir ao banheiro
é tão santo quanto a Minha resposta.
Cada corpo humano é santo
desde o momento da concepção.
O corpo da terra é santo.
Caminhem por ele a cada momento
em espírito de oração.

O que é a prece, a não ser uma dança de alegria
num corpo santo?
Regozijem-se em si mesmos,
no mundo.
Regozijem-se ao acordar
e regozijem-se
ao se deitar novamente.
Vocês não nasceram
para sofrer,
mas para celebrar a vida.
Para celebrar a vida,
e não as posses ou o poder.
Lembrem-se disso.
Lembrem-se de que cada momento
é o recipiente para uma prece.
E a prece
é o que vocês fazem a cada momento
quando sabem
que a vida de vocês é santa,
que o corpo de vocês é santo,
que tudo o que vive é santo,
que a Terra é santa.
Sagrados e santos,
orantes, dançando,
com o corpo e as ações,

agora e sempre,
sozinhos e com outros
no Meu coração:
vocês.

Sagrados e queridos,
agora e sempre,
amorosos e alegres,
almas já encarnadas,
santos e orantes,
juntos, vocês.

Segunda-feira, 21 de novembro de 1994,
num avião para San Diego

A simples existência de vocês
é um milagre.
Pois Eu os fiz
do Nada
e no final
ao Nada vocês voltarão.
Mas agora
vocês estão vivos e crescendo.
Celebrem isso.
Do Meu coração Eu fiz vocês,
fiz almas,
mais do que vocês podem contar.
Almas encarnadas,
minha criação miraculosa.
Celebrem isso,
vocês, almas do Meu coração.

E não fiquem surpresos
por Eu me dirigir a esta pessoa.

Eu falo a todos vocês.
Agora é hora de ouvir.
Pois como posso não falar?
E como podem vocês não ouvir?
Quando Eu os criei,
não me afastei de vocês;
sempre vinculado,
contendo,
abrangendo
os corações de vocês

Falo a todos vocês.
E cada um de vocês
é mais uma centelha Minha
proclamando a sua luz-vida
para o mundo.

Quarta-feira, 7 de dezembro de 1994, Colorado Springs

Vocês, meus filhos, são seres quádruplos,
Modelados como um só, com mente, emoções, corpo e alma.
Nenhum desses elementos é mais importante do que os outros.
Todos são iguais.
Um mestre da alma um santo, um sacerdote, um profeta
não é inferior, mas não é maior
do que um mestre do corpo um cozinheiro-chefe, um dançarino, um construtor.
Todos eles são iguais, iguais em suas diferentes competências.
Os santos não são mais importantes pela sua sabedoria ou por sua veneração.
Os atletas não são mais abençoados por suas façanhas, por sua fama ou por seus rendimentos.
E você, divino filho de quatro aspectos,

Você também é um mestre, um mestre em formação,
na estrada difícil e gloriosa
do domínio sobre o seu próprio ser.

Quinta-feira, 8 de dezembro de 1994, Colorado Springs

O preço da liberdade é a possibilidade de se perder.
Mas, sinceramente, vocês gostariam que as coisas não fossem assim?
Nos momentos de agonia, vocês podem até dizer
que Eu os abandonei.
Porém, como Eu poderia fazê-lo, quando Sou o mar onipresente
do qual vocês nascem e no qual vocês vivem?
Eu sempre estou presente.
Vocês sempre são livres.
Nunca estamos separados.

Com freqüência, vocês se sentem separados de mim.
Mas o sentimento não é todo o ser de vocês.
Digam a verdade quando vocês se sentem separados de Mim
e tudo muda.
Digam a verdade – vocês se sentem abandonados.
E ao dizer isso,
uma Verdade maior
será revelada.
Unos para sempre, eternamente ligados.
Mesmo quando vocês não sentem a Mim – Eu sinto vocês, sempre.

Quarta-feira, 9 de agosto de 1995, Menlo Park

Nesta semana, cinqüenta anos atrás,
foram lançadas sobre a terra bombas de uma natureza medonha

que mudaram para sempre a história humana,
despertando-os para a morte
e para a certeza da salvação.

O que morreu será renovado.
O que está nascendo agora
é parte da história de vocês.
Certo como a árvore provém da glande,
Certo como a luz
que jorra em direção a vocês
vinda da sua estrela.

Tornar-se humanos
é um trabalho que leva tempo
em cada planeta
no qual vocês aparecem.
E Eu fiz de muitos planetas
lares para os seres humanos.
E fiz vocês
para que fossem seres humanos aqui.
Regozijem-se nisso.
Apesar do sofrimento,
apesar da dor,
apesar dos assassinatos,
apesar da morte,
vocês são queridos e santos,
queridos e criados.

Agora é a vez de vocês,
agora é a hora de vocês.
Despertem para o verdadeiro ser de vocês,
todos e cada um.
Minha semente está em todos vocês.
Meu fogo está em todos vocês.
O vento, a água, a terra e o sonho de Mim
está em todos vocês.

Despertem
para o Meu sonhar.

Difícil e comprida.
tem sido a caminhada.
Difícil, mas com sentido,
por mais difícil que tenha parecido.
Vocês são vinho
amadurecendo.
Vocês são metal
temperado.
Vocês são uma história
que é contada várias vezes,
até que o contar
e o viver
sejam a mesma coisa.

Vocês são filhos Meus
e agora estão adultos.
Alegro-me com esse crescimento.
Beijo cada ferida
e envio cada qual para o seu caminho.
Entrem nos anos de sabedoria,
entrem na força que lhes pertence.
Entrem no amor que lhes pertence,
Entrem na alegria
que Eu os criei para ser.

Antigos e santos, vocês.
Novos e imortais.
Sejam uma bênção para o mundo,
e não uma maldição.
Sejam uma bênção uns para os outros,
e não uma mão que fere.
Convertam as bombas em pontes
e os venenos em preces.

Lembrem-se, a cada momento,
não de quem vocês foram,
mas de quem eu os criei para ser.
Vivos e santos,
espíritos encarnados.
Divinos e desejados,
dançando sobre essa jóia-estrela,
com vocês como a sua luz.

UM NOVO PRINCÍPIO

OUÇA A RESPOSTA DOS ANJOS

Andrew Ramer

"Quando a alma e os pensamentos estão fora de sintonia, as coisas não funcionam. Você tem de forçar o seu caminho pela vida, e isso não é fácil. A verdade é que em todo o mundo as coisas estão fora de sintonia. As nações se esqueceram de que todos vieram ao mundo como almas sábias.

Nós, anjos, nos aproximamos para ajudá-los a ligar-se de novo com a alma. Quando os pensamentos e a alma estiverem em sintonia, a vida fará sentido; a beleza, a cura a verdade e o amor aumentarão. Quando os pensamentos e a alma estiverem em sintonia, você saberá que toda a humanidade é constituída de filhos de Deus.

Ao ler este livro, deixe que a sua mente fique aberta à voz dos anjos. Sinta o amor dos anjos por você e o amor contido nestas palavras. Deixe que esse amor ilumine seus pensamentos. Deixe que estas palavras despertem seus pensamentos sobre Deus. Deixe que todas estas palavras o toquem e o ajudem a recordar-se de quem você é: uma alma sábia, uma centelha do Divino.

Assim como você regula os botões do aparelho de som até que a música fique clara, deixe que estas palavras o ajudem a regular seus pensamentos até que a música da alma se torne nítida.

Nós, anjos, estamos com você para apoiá-lo na cura de si mesmo e do seu mundo. Você não está só. O trabalho é mais fácil do que você pensa: basta sintonizar-se com quem você realmente é."

EDITORA PENSAMENTO

PARA CHEGAR AO CORAÇÃO DO SENHOR

Orações Inspiradas nos Salmos de Davi

Yara Beduschi Coelho

"Foi por acreditar na bondade divina, no seu amor incondicional pela humanidade como um todo e por cada um de nós em particular, e por aceitar a palavra do Senhor como fonte de inspiração e verdade, que fui até a Bíblia buscar orações que me ajudassem a falar com Deus.

"Nessa busca, os Salmos surgiram como uma esperança de conhecimento, fé, poder e realização. Com a ajuda dos Salmos, acabei por encontrar minhas próprias palavras para orar, e passei a registrá-las. Essa inspiração me levou a reavaliar os meus sentimentos, a minha religiosidade e espiritualidade. Passei a acreditar no poder da oração, na bondade divina e, sobretudo, aprendi que Deus me ama e traça meus caminhos para que eu possa evoluir e elevar meu espírito na Sua direção.

"A orientação das preces contidas neste livro é no sentido de que primeiro *eu* melhoro, *eu* perdôo, *eu* amo o meu semelhante, para então receber a promessa de amor eterno de Deus. As preces são de luz e amor, de fé, perdão, harmonia, esperança e caridade."

EDITORA PENSAMENTO

PERGUNTE AO SEU ANJO

Alma Daniel, Timothy Wyllie e *Andrew Ramer*

"SE ESTE LIVRO LHE CHEGOU ÀS MÃOS, OS ANJOS JÁ O TOCARAM."

Os anjos têm estado entre nós em todas as épocas e culturas e em muitas tradições religiosas. Este livro descreve vividamente como eles estão entrando em contato com cada um de nós, de uma maneira totalmente nova, lançando uma ponte entre a nossa realidade física e a sua energia espiritual. Com base em textos históricos e em diversas experiências contemporâneas, os autores deste livro nos mostram como podemos utilizar os poderes dos anjos para retomar o contato com o nosso eu interior perdido e alcançar as nossas metas, sejam elas um relacionamento humano melhor, a cura de uma doença ou a libertação de um vício.

O processo descrito neste livro inclui cinco etapas, além de exercícios, meditações e visualizações, para ficar em sintonia com o campo de energia angelical, aprender a conversar com os seus anjos — mentalmente, por cartas, em sonhos ou mesmo pelo computador — e pedir-lhes orientação em questões importantes ou do seu dia-a-dia.

Desde Gabriel, Miguel, Rafael e Uriel até os anjos do nascimento e da morte, do Anjo da Terra até o anjo da guarda, que é o seu mestre pessoal, confortador e amigo íntimo, este livro irá colocá-lo em contato com o humor, a sabedoria e o companheirismo resultante do contato com os anjos, pois eles permitem o nosso acesso ao Divino que existe dentro de nós.

A ORAÇÃO VIVA

Celina Fioravanti

A Oração Viva é um livro para as pessoas de fé, que acreditam, como a autora, que tudo pode ser transformado pela força de uma oração feita com o coração. As preces do livro levaram algum tempo para serem escritas; quase todas foram criadas à medida que havia necessidade de ajuda. Já nasceram com um uso determinado, bem prático, servindo para serem integradas à vida diária. Outras foram selecionadas de antigos devocionários como forças vivas e poderosas à disposição de quem as queira usar em benefício próprio ou dos outros.

Quem faz da oração seu caminho para unir-se a Deus recebe proteção, orientação, favores, força, saúde, luz e amor. E tudo isso de acordo com a exata medida de que necessita para ser feliz!

É através da prece que se afasta o mal. Quanto mais a humanidade orar, tanto mais haverá de se guardar das doenças e de todas as razões de sofrimento que a ameaçam. É sabido que a nossa civilização é sustentada por quatro coisas: o valor dos bravos, a cultura dos sábios, a justiça dos grandes e as preces dos virtuosos. São as preces daqueles que crêem, sejam de qualquer crença forem, que guardam o nosso mundo.

* * *

De Celina Fioravanti a Editora Pensamento já publicou: *Uma Parcela de Deus*, *Causas Espirituais da Depressão*, *Contato com Guias Espirituais*, *A Cura pelos Fluidos* e *Os Curadores do Espírito*.

EDITORA PENSAMENTO

O PROTETOR INVISÍVEL

O guia que nos ajuda nos momentos difíceis da vida

Amadeus Voldben

Em todas as épocas, um sem-número de testemunhos dão conta de intervenções inexplicáveis na vida do homem, sobretudo nos momentos mais difíceis. Muito provavelmente, não há quem não tenha algum episódio desse tipo para contar.

Isso demonstra que o homem não está só: nele, e ao lado dele, encontra-se quem lhe dá assistência. Limitado pelo corpo físico e sujeito às ilusões do tempo e do espaço, o ser humano nem sempre consegue compreender o verdadeiro objetivo da sua existência. No entanto, para que não se desvie demais do seu caminho, e para ajudá-lo a superar tantas dificuldades, ele é acompanhado, assistido e protegido por um Ser invisível, ainda que nem sempre se dê conta disso.

Neste livro, cheio de verdade e de sabedoria, às vezes recorrendo a testemunhos pessoais, o autor nos ajuda a reconhecer essa presença divina em nós e a nos entregar completamente a ela, sobretudo nas situações que exigem de nós o emprego de energias das quais não nos supúnhamos possuidores.

Isso poderá dar um rumo completamente novo à nossa existência, transformando-a de um modo positivo e construtivo e oferecendo-nos a possibilidade de enfrentar cada situação com a certeza de que o sucesso não deixará de chegar.

* * *

Amadeus Voldben é autor de numerosos livros de caráter psicológico e esotérico traduzidos para diversas línguas. Dele a Editora Pensamento publicou *Como Evitar as Influências Negativas* e *Um Caminho Seguro para a Paz Interior.*

EDITORA PENSAMENTO